AF346615

INSTRVCTION A LA FRANCE SVR LA VERITE'

DE L'HISTOIRE DES FRERES DE LA Roze-Croix.

Par G. NAVDE' Parisien.

O quantum est in rebus inane. Perf. Satyr. 1.

A PARIS,

Chez FRANÇOIS IVLLIOT, au troisiefme pillier de la grand' Salle du Palais.

M. DC. XXIII.

AVEC PRIVILEGE DV ROY.

A MESSIRE

GABRIEL DE GVENEGAVLT
ſieur dudit lieu, & du Pleſſis Belle-
ville, Conſeiller Secretaire du Roy
en ſes Conſeils d'Eſtat & Finances.

ONSIEVR,

Comme mon deſſein n'a
iamais eſté autre en cette
Inſtruction, que d'oppoſer aux tenebres palpables du menſonge le ſoleil
de la verité, qui par les rayons de ſa
lumiere fit recognoiſtre à la plus noble
partie de noſtre Hemiſphere le peril-
leux labyrinthe dedans lequel elle s'e-
ſtoit enuelopee durant ſon abſence:

auſſi faut-il que pour n'imiter en cette Epiſtre la vanité de quelques eſprits de ce ſiecle, qui penſent conſa-
crer à la poſterité la memoire d'vne
infinité de perſonnes, le nom deſquelles ils grauent par leurs plumes ſur le
marbre de leurs eſcrits ; ie confeſſe ingenuëment la preſomption n'auoir eu
telle force en mon endroit, que donnant vol à mon ignorance par deſſus
les forces de ma capacité, elle m'ait
peu perſuader que ce petit Liure ſe
deuſt preſenter au Ciel eſtoilé de vos
merites, garni d'vne telle effronterie,
que d'eſperer de luy pouuoir augmenter ſa lumiere par le flambeau & pe-
tites eſtincelles de mes conceptions.
C'eſt pourquoy i'ayme mieux recognoiſtre & confeſſer ouuertement,
qu'auec vne infinité d'autres occa-
ſions, ces deux principales m'ont don-

né la hardieſſe d'adiouſter à l'Ocean de vos perfections, ce petit ruiſſeau, coulant pluſtoſt de la viue ſource de vos loüanges, que non pas du deuoir de mon affection: La premiere me perſuadoit facilement qu'apres m'a-uoir bienheuré de la felicité de voſtre nom, vous ne le voudriez refuſer à ce petit Diſcours, lequel comme vn autre Philete, n'oſeroit ſortir en pu-blic pour s'oppoſer aux bouraſques & tempeſtes d'vne opinion commu-ne, ſans eſtre garni du poids tres-puiſſant de voſtre credit & authori-té: & l'autre me dõnoit occaſion d'en eſperer vne bien plus grande recom-penſe que celle que les habitans de Beotie receuoient anciennement de la Deeſſe Ceres Mycaleßienne, puis qu'elle n'auoit la puiſſance de conſer-uer plus d'vne annee les fruicts qui

ã iiij

cueillis en Automne auoient esté con-
sacrez à son image; où l'astre fauorable de vostre renommee & le bon
Genie qui a faict signaler vostre prudence dans vne infinité de Charges
& Magistratures que vous auez
heureusement exercees à vostre gloire, promettent vn tel lustre à ces
fleurs printannieres de mes Estudes,
qu'il ne faut pas que l'Oubly s'atten-
de de le pouuoir ternir pendant que le
souuenir de vos merites les rendra
recommandables à la memoire des
hommes, & me donnera sujet de leur
souhaitter autant de prosperité que
vous estes comblé de perfections, lesquelles meritans plustost d'estre ex-
primees en vn volume que remarquees par vne Epistre, dõnent maintenant trefue à ma plume pour les
admirer par mon silence, iusques à ce

qu'vne autre occafion fe prefente
pour vous tefmoigner que ie feray
toufiours,

MONSIEVR,

Le plus humble & affectionné
de vos feruiteurs, G. NAVDE'.

L est vray, amy Lecteur, & ie te le confesse ingenuëment, que ie n'auois encor eu vne telle contraste auec moy mesme; & semblables extremitez ne m'auoient iamais enueloppé d'vne si grande incertitude, que celle en laquelle il y a quelques iours que ie me trouuay reduit & engagé : la nature m'obligeant d'vn costé de compatir aux afflictions, & donner quelque secours aux extremes langueurs de cette ville si florissante, n'agueres battue & affligee par les traicts empestez d'vne maladie contagieuse ; & maintenant toute esmeue & pantelante par le venim d'vne fausse & ridicule opinion, que quelques bourdons inutiles & buses du genre humain s'efforcent de faire glisser insensiblement dans l'imagination de ses plus chers nourriçons, pour esbranler leur iugement, & emousser la bonne opinion que l'on auoit de leur prudence. Et l'ignorance d'autre part contrepointant les desseins de cette bonne volonté, ne me permettoit de recueillir des ieunes greffes & nouuelles plantes

de mes

de mes Eſtudes les fruicts d'vne telle erudition que ie iugeois eſtre neceſſaires pour combattre cette Chimere & perſuaſion erronee.
C'eſt pourquoy ie deſeſperois tout à faict de
pouuoir rendre quelque teſmoignage de mon
affection à la France, iuſques à ce que pour me
deliurer de toutes ces inquietudes & irreſolu-
tions, ie m'en rapportay à ce iugement de Seneque, *Paucis ad bonam mentem opus eſt literis:*
duquel ie puis dire que c'eſt luy veritablement
qui m'a donné la hardieſſe par la verité deſa
ſentence, de mettre la main à la plume, pour
deſſiller les yeux de voſtre entendement, ab-
battre les tayes & cataractes du menſonge, &
vous faire recognoiſtre la verité que vous deuez ſuiure pour vous inſtruire en l'hiſtoire des
Rozecruceens (comme les appelle Mr Bou-
cher en ſa Couronne myſtique) ou Freres de
la Roze-Croix. Ce que pour effectuer plus facilement, i'ay iugé qu'il eſtoit à propos de tracer cet Aduertiſſemét pour vous faciliter l'intelligence de tout le Diſcours ſuiuant, & vous
aduertir premierement que pour ce qui eſt du
nom de cette Compagnie, le Pere Garaſſe a le
plus heureuſement de tous conjecturé ſur les
raiſons qui ont meu ſon Autheur de luy donner ce tiltre de *Roze-Croix;* ſe perſuadant qu'il
l'auoit voulu obliger par ce ſymbole de ſilence
à viure cachee & couuerte, & tenir le ſecret

pour seule ame & premier principe de toutes
ses actions : pour preuue de laquelle interpretation il se fortifie des deux derniers vers d'vne
Epigramme, lesquels sont expliquez si naïfuement par les deux premiers, qu'il a obmis, que
i'ay iugé n'estre besoin d'autre commentaire
que de vous les representer en leur sens entier
& parfaict:

Est rosa flos Veneris, cuius quo furta laterent,
  Harpocrati, matris, dona dicauit Amor,
Inde rosam mensis hospes suspendit amicis,
  Conuiuæ vt sub ea dicta, tacenda sciant.

Quelques autres se sont efforcez d'expliquer
le mystere caché sous cette Croix de Rozes
par d'autres raisons & diuerses conjectures,
desquelles, apres cette lumiere descouuerte,
nous ne deuôs faire plus d'estime que de tous
les Allemans qui ont donné carriere à leurs
imaginations sur ce sujet, & agité le Pour & le
Contre de cette Societé, lesquels estans en
plus grand nombre que l'on ne pourroit estimer, ils ont toutesfois traitté cet argument de
telle maniere, qu'ils ont plustost monstré leur
dessein estre d'entasser beaucoup de paroles
vaines & inutiles pour grossir leurs volumes,
que non pas de trier les plus belles & necessai-
res pour satisfaire & contenter la curiosité du
Lecteur. Et qu'il ne soit ainsi, ie fais iuge le
premier de ceux qui ont pris la patience de

fueilleter les liures qu'ils nous ont donnez sur cette matiere, quel contentement & satisfa-ctió il a receu d'vne liste ennuyeuse de tous les Colleges & Congregations qui ont autrefois esté les plus celebres & renommees; de toutes les familles, Royaumes & Principautez qui ont eu les Roses pour leurs armes & escussons; de ceux qui ont gardé le silence, habité les deserts, parlé en figures, enigmes & paraboles; & de toutes ces questions inutiles, sçauoir s'il est permis d'exercer la Medecine gratuitement, s'il est licite de cacher & couurir son nom, faire des Manifestes, fonder & establir des Colleges & Cógregations, & vne infinité d'autres encor plus ridicules, *quarum numquam penetrat ad intima telum*; & lesquelles pour s'estre plustost arrestees à ce qui estoit de l'escorce & superficie qu'à la moëlle & interieur du plus essentiel de cette Fraternité, nous ont laissé vn champ assez ample pour bastir cette Instruction sur la recherche de leurs premiers principes & fondement: lesquelles consistans en raison, authorité, & experiences, i'ay pris occasion, ceux-là examinez, d'y adiouster l'histoire entiere de cette Congregation, comment elle a esté cogneuë en France, les diuerses conjectures & interpretations que plusieurs luy ont donné; la censure sur quelqu'vnes de leurs propositions & articles, &

quelques autres chapitres contre vne infinité
de refueries femblables à celle-cy : pour conclure en fin par la negatiue, & monftrer combien toutes ces fabuleufes narrations ont toufiours efté dangereufes & preiudiciables à
ceux qui les ont nourries & fomentees. Ce qui
eft, à mon iugement, tout ce que l'on peut dire
ou defirer fur vne telle matiere, raccourcy
(comme vn Geant dans le chaton d'vn anneau, ou ce grand monde fur vn petit globe)
dans les dix chapitres de cette prefente Inftru-
ction, laquelle te doit eftre d'autant plus agreable qu'elle te donne en fept ou huict fueilles
de papier, & par vne methode tres-facile, ce
que tu ne pourrois tirer qu'auec grande difficulté de la lecture de tous ceux qui en ont ef-
crit auparauant moy ; & que d'auantage Celfe
t'aduertit en ma faueur, *cum par fcientia fit, ta-*
men vtiliorem Medicum effe amicum quàm extra-
neum. Il eft bien vray que ie te la pouuois pre-
fenter plus accomplie & perfectionnee, fi le
remede qui gifoit en la promptitude m'euft
permis d'employer plus de quinze iours à fa
compofition, & de veiller plus diligemment és
fautes qui font furuenuës à fon impreffion,
lefquelles pour eftre en petit nombre ne me-
ritét d'eftre feparees de la fin de cet aduertiffe-
ment : C'eft pourquoy ie te fupplie en recompenfe de ce peu de trauail que i'ay entrepris

en ta consideration , de lire auec moy,
page 10. ligne 3. *incedendum*. pag. 25. lig. 29. Fraternité. pag. 29. lig. 15. & spacieux. pag. 30. lig. 4. *minimum*. pag. 31. lig. 10. Torlaquis. pag. 86. lig. 6. interpreté. pag. 96. lig. 13. *Rosea*. pag. 97. ligne 22. pourroit, & d'excuser les autres qui n'ont esté remarquees , pour estre beaucoup moindres, ou plus veritablement de nulle consequence.

Ad Lectorem.

Te, Lector, crux iuncta rosæ, fratrumque superba
 Incertum fecit sæpius esse, thesis;
Huc ades, & vanos dabitur cognoscere tantæ
 Stultitiæ euentus, quantus & error inest,
Navdævm tibi sume ducē, lege, perlege, idemq; est
 Navdæi librum perlegere & sapere.

I. L. D. D. M.

A MONSIEVR NAVDÉ
SVR SON LIVRE CONTRE
les Freres de la Roze-Croix.
SONNET.

Vous qui ſuiuant l'erreur de voſtre fantaiſie,
Et voilant cet orgueil dont vous eſtes eſpris,
Gliſſez voſtre poiſon dans les foibles eſprits
Qui ne ſe doubtent point de voſtre hypocriſie:
Vous n'abuſerez plus l'Europe ny l'Aſie,
Voſtre maſque eſt leué, l'on vous tient à meſpris,
Depuis que cet Autheur dans ſes doctes eſcrits
Monſtre l'aueuglement dont voſtre ame eſt ſaiſie.
Pourſuy donc, bel Eſprit, purge cet vniuers,
Comme Hercule iadis, de ces monſtres diuers,
Qui produiſent par tout des effects ſi nuiſibles:
Apollon me deçoit, ou ie ſuis aſſeuré,
Que plus tu confondras ces Docteurs inuiſibles,
Plus tu ſeras viſible, & plus fort admiré.

G. C. P. A.

A MONSIEVR NAVDÉ
SVR SON INSTRVCTION
à la France.

STANCES.

CE*s hommes, ou ces demi-Dieux,*
Selon leur tiltre ambitieux,
Qui ioignent la Croix à la Roze,
S'il est vray ce qu'on dict de leur sçauoir profond,
NAVDE', mon humeur se dispose
A suiure leur Genie, & faire comme ils font.

Ils desrobent si finement
Leurs corps à nostre sentiment,
Selon le rapport du vulgaire,
Que qui ne voudroit pas en admirer l'effect,
Son ame stupide & gauchere
Me feroit soupçonner que Meduse l'eust faict.

Nostre ame affranchie d'erreur,
Et nos corps exempts de l'horreur
Qu'vne sepulture faict naistre,
Gousteroient auec eux des plaisirs infinis,
Refusans ce bien-heureux estre,
Ou le Ciel nous faict tort, ou nous serons punis.

Mais vn bruit qui court sans autheur,
Ie soupçonne qu'il est menteur,
Et les traicts de ton eloquence,
A la veuë desquels i'appaise mon soucy,
Lient tellement ma creance,
Que si tu n'en croy rien, ie n'en croy rien aussi.

Ha! que ton discours est charmant,
Il desrobe insensiblement
Par vne extaze peu commune
Ma parole & mes sens, ie veux encor flater
Minerue, & ma bonne fortune,
Pour pouuoir quelque iour, s'il se peut, t'imiter.

A. GAVDIN.

Quisquis aues Roseæ famam cognoscere gentis,
  Hanc te pro multis carmina pauca docent;
Gallia suspexit, peperit Germania monstrum,
  Hercule NAVDÆO sternitur, inde quies.

DE MILLEVILLE.

TABLE
DES CHAPITRES
DV PRESENT LIVRE.

Que la nature des François est trop prompte à embrasser & suiure toutes sortes d'opinions nouuelles & ridicules.

CHAPITRE I.

Qu'il n'y a iamais eu opinion si absurde qui n'ait trouué des cerueaux capables de la receuoir.

CHAPITRE II.

i

Responſe à la principale raiſon de l'inſtauration promiſé, laquelle eſt le principal fondement de cette Compagnie.

CHAPITRE V.

Satisfaction à l'authorité de ceux qui ont approuué cette Compagnie.

CHAPITRE VI.

F. G. MENAPIVS IN EPIGRAMMAT. F. R. C.
Strenæ loco tranfmiffis.

Qui præftanti operâ iuuant bonarum
Cultores, cupidofḡ literarum,
Quos inter velut emicat Pyropus
Gemmas inter, & Indicos lapillos
GALENVS, Decus omnium Scholarum,
Qui cunctos fuperat, quot aut fuerunt,
Aut funt, aut aliis erunt in annis:
Hos omnes malè fpernitis libellis
In veftris. Pater elegantiarum,
Et fons totius eruditionis
Viuat clarus in orbe, viuat vfque
Viuat, & vigeat, legatur vfque
Laudetur, placeat: legatur, atque
Ametur: Pater Eruditionis
Viuat, vos pereatis hîc & illic.

Quisquis Galeno non credit certa docenti,
  Sed Rosei Fratris quærit, amatq́ strophas;
Adhæc per canones Theophrasti cum Paragrano,
  Se fieri verum posse putat Medicum:
Per Syrtes, per saxa, per antra, per arma, per ignes
  Tendit ad infernas non reuocandus aquas.

Desine Roma tuos toties iactare Quirites,
  Major Teutonico cardine surgit honos.
Est Frater Roseus, si verum est, maximus Heros.
  Martis, & Artis honor, Martis, & Artis amor:
Iustitiæ fulcrum, Charitum decus, orbis ocellus,
  Et Pater in cælis, Rexq́ Soli, atque Sali.
O stolidos homines de se qui talia iactant,
  Et qui vera putat stultior esse potest.

INSTRV-

INSTRVCTION
A LA FRANCE
SVR LA VERITE' DE
L'HISTOIRE DES FRERES
de la ROZE-CROIX.

Venient qui sine offensa, sine gratia iudicent.
Seneca Epist. LXXXI. lib. XI.

Que la nature des François est trop prompte à embrasser & suiure toutes sortes d'opinions nouuelles & ridicules.

CHAPITRE I.

<table>
<tr><td>1. Legereté des François à croire les nouueautez.</td><td>3. Ils ne s'en peuuent excuser.</td></tr>
<tr><td>2. Causes de cette promptitude.</td><td>4. Denombrement de plusieurs folies ausquelles ils ont adiousté foy.</td></tr>
</table>

1 PHLEGON Trallianus Affranchi de l'Empereur Adrian, escriuant d'Egypte au nom de son Prince à vn Senateur

Romain aſſez remarquable pour auoir eſté qualifié du troiſieſme Conſulat, cõmence ſon Epiſtre par le iugemẽt qu'il donne de ce pays. *Ægyptum quam mihi laudas Seruiane, totam didici leuem, pendulã, & ad omnia fama momenta volitantem.* Pardonnez-moy, Meſſieurs, ſi par l'application de ce paſſage à la Frãce, ie ſemble vouloir cẽſurer vos actions, & dés les premieres lignes de ce diſcours vous accuſer de legereté. Ce n'eſt point moy qui oſe entreprendre ſur voſtre prudence, ou qui ſemble deſirer vn peu plus de retenuë en vos deportemens: Iule Ceſar a franchi le ſault le premier, remarquãt fort à propos en ſes Commentaires, que c'eſtoit la couſtume de vos anciens peres de s'arreſter en troupes deuãt les paſſagers, s'enqueſter des pelerins, & meſmes contraindre les marchands à leur declarer ce qui ſe paſſoit de nouueau és pays deſquels ils eſtoient le plus fraiſchement arriuez, afin qu'eſtans inſtruits par leur rapport, *de ſummis rebus conſilia inirent: quorum eos è veſtigio pœnitere neceſſe erat, quum plerique ad voluntatem eorum ficta reſponderent.* Baptiſte de Mantouë, le Virgile de nos derniers ſiecles, apres auoir dict beaucoup de choſes à la loüange des François, faict la meſme remarque de nos mœurs & façons de faire de maintenant:

Ægoceros, dit-il, genti dominans ſi credimus aſtris,

Crinit.
lib.xj.
cap.x.
de hon.
diſcip.

in Dio
pyſ.

Si damus hoc cœlo arbitrium, cito mobile pectus,
Cordaq́, largitur rerum sitibunda nouarum.

2. Ce me seroit vne chose de long trauail,
& à vous peut-estre ennuyeuse, que de passer
le temps à la recherche & deduction curieuse
que l'on pourroit faire de la cause de ces
promptitudes & subtils mouuemens, lesquels
remarquez particuliers aux François, les rendent la fable de leurs voisins, & soupçonnez de
participer en effect quelque grain de folie, à
laquelle vne infinité de calomniateurs les ont
voulu assujettir, par l'etymologie de leur nom,
laquelle ils s'efforcent de deduire d'vn certain
fleuue de Phrygie, de l'eau duquel tous ceux
qui beuuoient deuenoient subitement fana-
tiques & infensez. Ie m'estimerois neantmoins à bon droict esclaue de la mesme folie, si aduoüant cette raison pour legitime &
vallable, ie ne recognoissois plustost nostre
France estre tachee & flestrie de ce reproche,
par les malignes influences du Capricorne,
suiuant nostre Poëte, ou du Belier, selon
tous les meilleurs Astronomes, desquels elle
se recognoist le but & objet : ou plus veritablement, que les actions des peuples estans re-
glees par le temperament, & iceluy subjet à la
nature, diuersité, situation, & autres condi-
tions des lieux qu'ils habitent. Les estrangers
n'ont autre chose à nous reprocher, sinon, que

comme vn autre Thesee, estans engagez sous
d'autres imperfections, dans ce labyrinthe de
la nature, ils s'en desgagent plus facilement
par le moyen du filet d'Ariadne, i'entends l'v-
sage & la pratique de la raison. Reproche lequel veritablement i'estime si iuste & raison-
nable, que i'ayme beaucoup mieux prester
l'aureille à vos excuses, que non pas les obliger
par le peu de foy que i'y adiousterois, à vne
preuue laquelle seroit infailliblement à vostre
desaduantage.

3. Vous me direz peut-estre que suiuant le
tesmoignage mesme d'Aristote, c'est vne oc-
cupation plaisante, recreatiue & du tout
agreable, que de passer le temps à apprendre
quelque chose, & principalement quand ce
qui est l'object de nostre cognoissance nous
prouoque auec vn certain contentement à
admirer sa nouueauté, la diuersité de ces merueilles, vray miracle de la nature, estant capable de nous prouoquer par vn loüable labeur
à la perfection de leur cognoissance. Il est vray,
Messieurs, & ie vous l'accorde, que cette recherche de la nature des choses, desquelles
pour participer l'estre ne peuuent estre que
bonnes, merite toute sorte de loüanges, & est
seule capable d'eterniser la memoire de ceux
qui luy voüent & consacrent le meilleur de
leurs estudes. Mais rechercher soigneusement

in Rhe-
toric.
Addis-
cere ali-
quid de-
lectabile
est.

Quod
admira-
bile est,
delecta-
bile est.
3. Rhe-
toric.

toutes les nouueautez fabuleuses, & comme
vne giroüette estre maistrisez par toutes sortes de baliuernes, ou comme les enfans *credunt
signa omnia ahena, viuere & esse homines :* ainsi
adiouster foy à toutes sortes de rapports &
nouuelles côceptions, c'est proprement veri-
fier en vous le dire de Ciceron, *Impetratum est* de ora-
à consuetudine, vt suauitatis causa peccare liceret: tore.
& recognoistre cet autre de Synesius pour legitime, *Quod intellectu facillimum est despicitur,* in En-
prodigiosæ narrationes afferantur oportet. comio
Cal.

4. C'est toutesfois ce que vous faittes &
pratiquez iournellement, sans que vostre trop
grande credulité, estant tous les iours accusee
& conuaincuë de faux par le temps, grand
maistre & censeur de la verité, vous ayez le regret en l'ame & la honte sur le front, qu'apres
auoir esté Auditeurs des resueries de Postel
lors que publiant les contes de sa mere Ieanne
au College des Lombards, vous luy prestiez si
fauorable audience, que la grand'salle n'estant
capable de vous contenir, il estoit contraint de
se mettre à vne fenestre & vous emmy la cour;
qu'apres, dy-ie, auoir suiuy son S. Iean Bapti-
ste, admiré vn Nostradamus, couru apres vn
Iuif errant, deschiré la robe du Pere à Iesu Ma-
ria, adiousté foy à tant d'Antechrists que par
interualles accoustumees on vous annonce
en France, & de fraische memoire à celuy du-

quel l'hiſtoire en eſt ſortie en deux iuſtes volumes : bref apres auoir preſté conſentement
à tant de menſonges produits, accreus & fomentez dans voſtre ſein, vous ſoyez encor ac-
cuſez de participer à ceux de vos voiſins, & tenir pour articles de foy, auec vne infinité de
cerueaux creux & melancholiques, les viſions
d'vn *de Rupeſciſſa*, les reſueries d'vn *Merlin An-*
glois, *Ioachim Alleman*, *Sauanarole Italien*, les
contes d'vn *Theleſphore de Cuzentia*, d'vn *Dan-*
dalus, d'vn *Ioannes Pariſienſis*, *Ruſticanus*, *V ber-*
tinus de Caſali, *Gertrude*, *Hildegrade*, *Lolhardus*,
Licthembergenſis, *liber mirabilis*, & vne infinité
d'autres ſemblables Propheties : leſquelles
ont decredité entre les gens doctes ceux qui
auoient le mieux merité des lettres. Arnauld
de Villeneufue, le Cardinal Cuſan, Cyprian
Leouice, Poſtel, & vne infinité d'autres eſti-
mez les plus brillantes lumieres de leur ſiecle,
mé ſeruiroient en vn beſoin de fideles & aſ-
ſeurez teſmoignages, leſquels pour auoir trop
adiouſté de foy à ces Propheties, auſſi bien que
ce Curé duquel parlent Lindan & Camerarius, à ſon Arithmetique, ne ſe ſont rendus
moins ridicules voulans preſcrire les derniers
moments de la duree du monde, que ces eſprits brouïllons, leſquels voyans n'eſtre faict
mention dans la ſaincte Eſcriture de la mort
d'Helie, Enoch & S. Iean l'Euangeliſte, ont

liur.3.
chap. I.
du I.
vol. de
ſes Me-
dit.

voulu contrequarrer leur immortalité & ra-
uiſſement par vne fontaine de Iouuence deſcouuerte en l'Iſle Boiuca, & la vie prolongee
â vn Artus de Bretagne, Paracelſe, & Seba-
ſtien de Portugal, leſquels eſtans peut-eſtre
cachez comme Pythagore en leurs antres me-
ditans quelque metempſychoſe, ou enſeuelis
du ſommeil d'Epimenides en quelque deſert,
ils croyent deuoir paroiſtre & s'eſueiller quelque iour, pour accomplir les dernieres merueilles de leurs aduantures.

Sic Britonum ridenda fides, & credulus error
Arturum expectat, expectabitq́, perenne.

Mais ſur tout, ceux-là me ſemblent dominer
auec autant d'auantage ſur ces foibles cerueaux,

Quantum lenta ſolent inter viburna cupreſſi,
leſquels pour faire honte aux Euangeliſtes, accuſer les Peres de negligence, & monſtrer la
leçon aux Hiſtoriens Eccleſiaſtiques, eſplu-
chent les myſteres de la Paſſion de ſi prés, qu'e-
ſtabliſſant vne verité ſur l'incertitude de leurs
imaginations, ils nous content iuſques aux
coups de poing & de foüet qui s'y dõnerent,
voire meſme ſont ſi clair-voyans que de nous
remarquer iuſques à mille poinctes en la couronne de noſtre Sauueur. Opinions leſquelles
veritablement ſont ſi plates & ridicules, qu'à
grand' peine me pourrois-ie perſuader qu'au-

tre que ceux qui les inuentent y peuſſent pre-
ſter conſentement. Et combien que cy deſſus
ie me ſois grandement deffié de la conſtance
& generoſité de nos François, ſi faut-il que ie
confeſſe ingenuëment ma croyance n'eſtre
telle, que ſi par ſurpriſe ils ont donné quelque
entree aux charmes de ces nouuelles ſuperſtitions, ils ſoient ſi ſtupides & abandonnez de
leur ancienne gaillardiſe & viuacité d'eſprit,
que leurs reſueries recogneues ils veulent dauantage perſiſter en icelles.

Qu'il n'y a iamais eu opinion ſi abſurde qui n'ait trouué des cerueaux capables de la receuoir.

CHAPITRE II.

1. *Il eſt dangereux de rien innouer és ſcien-ces.*	3. *Toutes les extraua-gances reduittes à quatre ſortes.*
2. *Opinions les plus ri-dicules ont trouué des fauteurs.*	4. *Extrauagances en la Religion.*
	5. *Caprices des hommes doctes.*

1.   C'ESTOIT vne opinion laquelle ie
m'eſtois autrefois fantaſié pour veritable, hors la portee du commun, & digne
tout

tout à faict de la fougue des efprits de ce fiecle,
que tout ainfi que les Politiques remarquent
perfonne n'auoir iamais encheri la liberté au
prix de fon fang, qui n'ait iouy en fin de la pai-
fible poffeffion d'icelle: De mefme pouuions-
nous dire, que d'entre tous ceux qui font pro-
feffion des lettres, le bon-heur en auoit feule-
ment voulu à ces efprits genereux, lefquels
pour n'eftre paffez fous filence en qualité d'a-
uoir approuué l'opinion de leurs maiftres, ont
eux-mefmes affujetti les autres à les fuiure par
la nouueauté de leurs opinions. I'eftois fafché
de voir que tant d'interpretes euffent apprefté
de quoy rire au Poete fatyrique, lefquels pour
recompenfe il appelle *feruum pecus*. Seneque *Epift.*
efueillant mes efprits par la poincte de fes fail- *32. lib.*
lies, me difoit tous les iours, *Hoc Zeno dixit, tu* *1.*
quid? hoc Cleanthes, tu quid? quoufque fub alio
moueris? Impera & dic aliquid quod memoriæ
mandetur, aliquid de tuo profer. Et pour confef-
fer en vn mot le peu de profit que ie voyois
auoir efté faict en la cognoiffance de la nature
par douze mille Interpretes, qui tous, excepté *Patric.*
quelque centaine, ont perdu leur temps à cô- *lib. 10.*
menter Ariftote, me donnoit la hardieffe d'a- *tom. 1.*
difcuf.
uancer cette propofition, & poincter tous mes *peripat.*
deffeins à l'execution d'icelle. Mais apres auoir
meurement confideré combien d'opinions ridicules, de chimeres & fantaifies baftardes &

confuſes ſe gliſſoient parmy nous à l'adueu de
cette ouuerture, i'ay recognu le dire de Pythagore, *publica via non eſſe incendendum*, eſtre vne
calamité tres preiudiciable aux bōnes lettres,
& capable de precipiter vn homme dans vn
labyrinthe inextricable, duquel il ne pourra
iamais remporter autre gloire, ſinon d'auoir
ſerui de victime à vn Minotaure, pendant que
ſes citoyens iouyſſoient d'vne agreable tranquillité.

2. Ce qui me confirme d'autant plus en la
verité d'vn axiome duquel eſtant imbué &
acertené, ie me ſuis moy-meſme deliuré & affranchi d'vne perpetuelle admiration en ce
ſiecle nourricier de tant de monſtruoſitez, és
pieges de laquelle ſe trouue iournellement
priſe & enuelopee vne infinité de perſonnes
pour n'eſtre conduittes par cette cynoſure &
principe, lequel nous enſeigne qu'il n'y a iamais eu opinion ſi abſurde, propoſition ſi erronee, maxime tant ridicule, qu'elle n'ait trouué
place dans la creuſe ceruelle de quelques eſprits fantaſques & diſloquez, par l'obſtination
deſquels elle ſe gliſſe plus facilement entre les
bras de ceux qui reçoiuent toutes ſortes d'extrauagances ſous le paſſeport des nouueautez.

3. Si voſtre patience me vouloit permettre
d'eſtablir le fondemét de cette verité par l'experience, Charon ayant recueilli les diuerſes

& monſtrueuſes opinions des hommes és loix
& ſtatuts, & de l'Ancre vous ayant faict voir
diuerſes extrauagances de leurs actions; il ne
me reſteroit qu'à vous repreſenter comme en
deux belles pieces de tapiſſerie les diuerſitez
qui ſe rencontrent tous les iours és deux dernieres ſources de tant de caprices, ſçauoir la
profeſſion du culte diuin, & le cercle de toutes les ſciences.

4. Ce ne fut iamais mon intention de vous
entretenir des trente mille Dieux d'Heſiode,
ou des trois cens Iupiters de Varron, bien
moins de vous embroüiller en vne longue ſui-
te de diſcours touchant leurs noms, origines,
ſacrifices, temples, ieux, & autres recherches,
deſquelles Stuch, Girard, Verdier, Selden, &
quelques autres ont traicté aſſez amplement
pour ſatisfaire à voſtre curioſité: mais ſeulement de vous faire voir que nous ne deurions
point nous eſmerueiller de Balde, lequel a eu
dix opinions diuerſes d'vne meſme choſe, deſquelles neantmoins vne ſeule pouuoit eſtre
veritable: veu qu'vne diuerſité ſi eſtrange s'eſt
rencontree parmy toutes les Religions de la
vraye cognoiſſance & repreſentation d'vn
Dieu, de laquelle vne ſeule, ſçauoir la Chre-
ſtienne, ſe peut vanter maintenant, & la Iudaï-
que pour le paſſé. Et pour vous tracer quelque
eſchantillon de ce meſlange, vous vous ſou-

uiendrez auec moy que les Egyptiens ado-
roient le chien d'Ofiris, la vache d'Ifis, & le
mouton d'Ammon; les Romains nonobftant
leur fageffe les Dieux Stercutins & la Deeffe
Hippona, qui n'auoient pour lieux d'adora-
tion que la chaire percee; & Pline vous ap-
prendra que *Cometes in vno totius orbis loco coli-*
tur, in templo Romæ. Les Perfes auoient pour
Dieux les fleuues, les Arabes vne pierre, les
Scythes vn glaiue, les Thefpiens vn rameau,
les Cariens vne tronche, les Peffinuntiens vn
caillou, les Samiens vn puits, les Lampfaciens
vn membre viril, les Troglodytes vne tortuë,
les Heliopolitains vn bœuf, les Momemphy-
tes vne vache, les Leontopolitains vn lyon, les
Mendefiens vn bouc & vne chevre, les Lyco-
politains vn loup, les Thebains vne Aigle, les
Theffaliens la bouffonnerie, quelques autres
au temple d'Apollon Actien les mouches. Et
pour ne vous promener fi long temps parmy
les vieilles ruines & mafures de l'antiquité, venons aux peuples qui nous font cognus, lefquels la nature n'ayant pas totalement feparez
de noftre hantife & frequentation, nous a faict
recognoiftre pour auffi extrauagans que les
autres: les Calicutiens adorent le plus noir &
le plus difforme diable qu'ils fe peuuent imaginer, ceux du Pegu vne maffe de terre &
Mon-ioye efleuee fi haut qu'on la defcouure

lib.2.
cap.28.

de la plus grand' part du Royaume; les In-
diens vne grande lande couuerte de fable,
quelques autres proches des Lappons vne piece d'efcarlate de forme quarree : Et me fou-
uient d'auoir leu qu'vne dent de Singe eftoit
adoree en quelque autre endroit. Ces inepties
font veritablement grandes, & beaucoup
moins fupportables que celles de ce ieune gar-
fon qui eftoit à Rome du temps de Baptifte
Pie, lequel, au rapport qu'il en fait en fa Cof-
mographie, adoroit publiquement le Soleil,
s'addreffant, pour ne cognoiftre le Maiftre, à
fon porte-flambleau, lequel eft recognu d'vn
chacun pour le Dieu fenfible de l'vniuers.

5. Si cette premiere tenture vous a efté
agreable, pour eftre rehauffee d'vne fi grande
multitude de Dieux, l'autre ne vous conuie
pas moins à luy prefter voftre œil fauorable,
eftant diuerfifiee par la folie des hommes : elle
vous fera toute nouuelle, & apres auoir fueilleté l'*Inuentaire des cerueaux*, l'*Exemple*, *Anato-
mie*, & *Examen des Efprits*, vous n'y trouuerez
rien de femblable, ou qui puiffe entrer en paralelle auec celle-cy : car en icelle Parmenide
nie la pluralité des chofes, Heraclite le premier principe, & Protogene qu'il y ait rien de
vray; Anaxagore noircit la meige, Copernic
roulle la terre, vn autre duquel parle Viues
apres l'auoir bien mefuree la trouue plus gran-

lib.1.de
cauſ.
corrup.
artium.

de que le Soleil, Auerroes ſe iouë auec vn petit garſon qui auoit eſté conceu dans vn bain,
Gilbert l'Anglois eſt occupé à crayonner la
Topographie de ſon monde lunaire, les habitans d'alentour le fleuue d'Abaiba au nouueau monde s'y oppoſent, diſans qu'il n'y a
dans ce Rond qu'vn homme, lequel eſt tour-
menté entre le froid & le chaud pour auoir
commis vn inceſte ; Albert le grand les deſ-
ment tous deux, pour n'y auoir recognu que
la figure d'vn lyon, d'vn arbre, & d'vn homme
à genoux ; ſon diſciple deſcrit naïfuement les
effects d'vne pollution nocturne ; Abelard y
naturaliſe le myſtere de la Trinité, Demons
s'amuſe à philoſopher ſur le quart de Rien,
Mouilhet trouue la verité en la vie, Flud fait
la demonſtration de ſes figures, Pierre d'Apo-
no donne l'explication de celles qu'il a faict
peindre dans la grand' ſalle du Palais de Pa-
douë, & l'Abbé Ioachim contemple les ſiennes dans le Temple de S. Marc à Veniſe, car
pour celles qui repreſentent l'Eſtat des Papes,
il les a donnees à expliquer à vn Paulus de la
Scala. Vous y verrez auſſi vn Vigenere lequel
enſeigne à trier les plus myſterieux lambeaux
de la Chimie, Magie, Cabale & Aſtronomie,
pour en rehauſſer ſes œuures à baſtons rom-
pus ; vn Leonard Turneiſſerus qui d'Orfeure
deuenu Medecin, enſeigne à cueillir les ſim-

Petr.
Martyr
cap. x.
decad.
7 de
orbe
nouo.

ples sous la constellation qui leur est fauorable : vn Erneste Burgraue lequel forge des armes a vn Cheualier enchanté & inuulnerable; vn Zenocare qui a descouuert le mysterieux septenaire fatal à Charles quint, vn Auicenne qui fait naistre les hommes de pourriture, vn Gerard Dorn qui les auiue dans vne bouteille, vn Marquis Anglois qui se fait couper la gorge pour rajeunir dans vn fumier, vn Baccon qui forge des miroirs desquels l'Antechrist se seruira pour faire des miracles, & les illuminez Freres de la Roze-Croix lesquels y ressuscitent des singes & perroquets. Mais quoy, c'est trop s'arrester à vn coin de cette piece; venez à cet autre, & obligez de vostre fauorable audience vne troupe de ces Messieurs lesquels vous veulent interpreter leurs œuures, Conrard son Amphitheatre, Tritheme sa Steganographie, Dee sa Monade hieroglyphique, George Venitien son Harmonie du monde, Bouuelle l'excellent traicté qu'il a composé *de plusquam nihilo*, Augustin Panthee son *Voarchadumia*, Becan ses origines, Candale son Pimandre, Thyart sa Musique, Gemma sa Cyclognomonie, Brunus les vmbres de ses Idees, Raymond Lulle sa Dialectique, Paracelse son Commentaire de Magie qu'il a composé sur l'Apocalypse, Cayer historien du Iuif errant sa traduction du *Guildin Schatz vnd*

Kunst Kamuer: bref, Messieurs, Kepler s'offre
pour vous desennuyer de vous monstrer la ta-
blature de son Harmonie celeste, Sanctorius
de vous enseigner le moyen de cognoistre la
quantité de l'insensible transpiration qui se
fait en vous, & Cardan de prescrire au iuste
combien d'air vous respirez iournellement,
Fusil vous prouuera que Fontanier & Va-
rin estans au milieu du bucher ardent furent
plustost estouffez de la fumee que cōsommez
par sa chaleur, parce que suiuant les raisons
qu'il en donne en son *Mastigophore*, le feu est
plustost froid que chaud : Major vous offrira
ses argumens sophistiques capables de prou-
uer que les Freres de la Roze-Croix sont à vos
portes ; Hentisberus ses inuincibles subtilitez,
& Suisset, autrement nommé *Calculator*, XVI.
discours en Philosophie si subtilement tissus
& composez, que Cardan mesme Autheur de
la Subtilité est contraint de confesser que *in
eius vnico argumento, quod contra experimentum
de reactione est soluendo, tota laborauit posteritas.*
Cet eschantillon, Messieurs, est assez capable
de vous faire iuger du reste de la piece, & recognoistre les iugemens fourbus de ceux qui
pour donner carriere à leurs inepties, n'ont
point redouté d'immoler leur nom à la risee
du public.

Histoire

Histoire des Freres de la R. C. plus absurde que toutes les precedentes, &
par quel moyen elle a esté
cognuë en France.

CHAPITRE III.

1. *Premier degré de sa-*
gesse, cognoistre ce qui
est faux.

2. *Qu'il n'y a opinion*
si absurde que l'histoi-
re des Freres de la Ro-
ze-Croix.

3. *Leurs escrits sont in-*

utiles, & ne peuuent
estre entendus.

4. *Premieres nouuelles*
d'iceux, auec les rai-
sons affirmatiues.

5. *Publication de leurs*
affiches dans Paris.

1. LACTANCE, le Ciceron des Theologiens, nous donne vn precepte, lequel si nous estions aussi disposez à considerer
que par vne promptitude Françoise nous en
recherchons vne infinité d'autres, lesquels cõme dit Seneque, *nec ignoranti nocent, nec scien-* Epist.
tem iuuant; il y a long temps que nous aurions 45. lib.
triomphé d'vne infinité de resueries & men- 6.
songes, *quæ nec pueri credunt, nisi qui nondum ære*
lauantur. Car ce sçauant Theologien nous aduertit que le premier degré de sagesse, la base

& le fondement d'vne heureuſe conduitte, &
le chemin d'vne parfaicte & conſommee felicité, eſt de cognoiſtre

Perſius
ſatyr. 5.
Quid ſolidum crepet, & picta tectoria linguæ:
diſcerner & choiſir le vray d'auec le faux, trier
le diamant entre les hapelourdes, & en vn mot
ne ſe laiſſer ſurprendre à aucune choſe, pour
laquelle on puiſſe eſtre quelque iour ſoupçon-
né d'vne trop grande legereté, *Primus*, dit-il,
ſapientiæ gradus, eſt falſa intelligere.

2. Sur lequel axiome, auec celuy que ie
vous ay deduit au chapitre precedent, ayant
fondé comme ſur deux baſes tres-aſſeurees les
premiers deſſeins de cette Inſtruction, i'oſe en
pourſuiure & continuer le baſtiment, & vous
faire voir par viues raiſons, que ſi Plutarque &
Calcagnin ont autrefois mis la main à la plume, pour monſtrer que les Stoïques diſoient
des choſes plus incroyables cent fois que les
Poëtes & conteurs de fables ; ſi la Noüe a de-
ſtiné vn chapitre de ſes Diſcours politiques à
inuectiuer contre les Amadis ; ſi l'Eſpagnol a
mis au iour Dom Quixote de la Manche pour
nous deſtourner de la lecture de ces vieux
Canteres & Romans; ſi Lucian a declamé côtre les fabuleuſes narrations ; bref que ſi l'on
eſcrit tous les iours contre les Heretiques,
Aſtrologues, Chymiſtes, Magiciens, Ciarlatans, *& id genus omne;* l'on eſt obligé à plus for-

te raiſon de vous deſcouurir la matte & deſſiller les yeux, pour vous faire recognoiſtre que
l'opinion anticipee de ces illuminez Freres de
la R..C. & de leurs effects prodigieux & miracles, que vous fomentez & permettez prendre racine dans le ſablon mouuant de vos imaginations, tant s'en faut qu'elle ſoit plus vray-
ſemblable que les caprices enarrees cy deſſus,
ou les preceptes des Stoïques, fictions des
Poetes, contes des Fabuliſtes, menſonges des
Amadis, niaiſeries des Romans, inepties des
narrations Lucianiques, ou impoſtures, iactan-
ces, ſuperſtitions & ignorances desChymiſtes,
Aſtrologues, Magiciens & Ciarlatans; qu'au
contraire elle eſt totalement vaine, fauſſe, &
impoſſible, ne participant autre eſtre que celuy de l'Abbaye de Theleme dans Rabelais, de *liu. 1.*
la Leſine parmy les Italiens, des voix de Ruce- *chap.54*
lin, des vniuerſaux d'Occham, de l'aſne de Bu-
ridan, anges des Saduceens, Vtopie de Morus,
ſecondes intentions, vuide, infini, equinité,
mont-d'or, chimere, & *ens rationis* des Philoſophes. Ces choſes luy eſtans en cela diſſem-
blables, qu'elles ſont produittes comme quelques ronces, broſſailles & eſpines, pour ſeruir
de cloſture à l'agreable & odoriferant iardin
de la Philoſophie & ſpeculation des cauſes,
fondee ſur le parterre de la Nature, vray iardin
des Heſperides, & tableau raccourci du Para-

C ij

dis terreſtre; où au lieu de tant de delices ces
tenebrions & Anacritiques Freres de la R.C.
apres vous auoir alleché auec leurs images,
figures, tiltres ſpecieux, triangles, & myſterieux *Iehouah,*

Horat.   *veluti pueris dant cruſtula, blandi*
          Doctores, elementa velint vt diſcere prima,
vous attirent en fin dans vn taillis eſpais d'i-
gnorance, ou en quelque labyrinthe de confuſion, ne vous laiſſant qu'vn regret perpetuel
en l'ame d'auoir eſté ſi credules, que d'adiouſter foy à leurs faux viſages,& auoir puiſé dans
cette fange relentie & bourbe empunaiſee ce
que les plus chriſtalines ſources de toute l'antiquité offroient à vos merites. Et puis ie vous
fais iuges vous meſmes s'il n'y a pas ſujet de
vous reprocher ſerieuſement ce que Prudence diſoit par riſee,

   Hos tu, Nile, colis; hos & tu, Tybris, adoras.

   3. Car ie vous demande, Meſſieurs, apres
auoir leu leurs liures, fueilleté leurs eſcrits, de-
chiffré leurs enigmes, auez-vous iamais peu
conceuoir leurs deſſeins, remarquer leurs
principes, ou entrer en cognoiſſance de quelqu'vne de leurs concluſions? Ie croy que vous
m'accorderez pluſtoſt que *Chimera in vacuo*
bombillans, poſſit comedere ſecundas intentiones,
que de me confeſſer que vous ayez iamais
remporté quelque fruict & ſoulagement de

ce trauail, & que vous aimeriez beaucoup
mieux eftre condamnez de chercher la lumiere dans les tenebres d'Anaxagore, vous in-
ftruire en l'ignorance de Socrate, tirer la verité du puits de Democrite, chercher la Religion dans le tonneau de Diogene, ou vous
acquerir de la prudence par la folie d'Empe-
docle, que d'expliquer leurs logogriphes, paraboles, figures & metamorphofes, pour ne
pouuoir cueillir du milieu de tant d'efpines
vne feule rofe d'erudition. C'eft pourquoy
voyant auec Sarifberienfis que *nihil eft infœli-* in Poli-
cius quàm in eo in quo minimũ proficias plurimum cratico.
laborare: i'ay deliberé de vous foulager de cette mifere, & fendre le premier la glace, *trun-*
coq̃ fimillimus hermæ, m'oppofant à toutes ces
fauffes refueries & perfuafions, vous en faire
recognoiftre la verité entiere, & vous conduire infenfiblement à la defcouuerte de cette
tromperie,   *ne*

Dira per incautum ferpant contagia vulgus.
Ce que pour effectuer plus facilement, ie me
feruiray de l'axiome des Medecins, *qui eum* Celfus
rectè curaturum dicunt, quem prima origo caufæ lib.1.
non fefellerit: me perfuadant qu'apres auoir
foüillé, defcouuert & tronçonné cet arbre à
la racine, il me fera facile de fagoter fes branches, & en faire des bourrees, lefquelles fe re-
duiront en cendres foudain qu'elles feront

eschauffees par la moindre flamme du feu de
la verité.

4. C'eſt vn bruit commun qui court maintenant le tapis de toutes les compagnies, &
qui ſuperbe & enflé du lieu de ſon origine, ſe
communique à toute la France, qu'apres tant
de nouueautez que l'aage de nos derniers parens a veu naiſtre, apres vn autre monde deſcouuert, les canons, bouſſoles, nouueaux cha-
racteres, horloges, & vne infinité d'autres ſecrets inuentez, la Religion, Medecine, Aſtrologie, & toutes les autres ſciences grâdement
alterees par vn eſſein de nouuelles opinions,
la nature ioüant de ſon reſte, & faiſant vn ra-
mas de toutes ſes forces en ſon dernier aage
decrepit & caſſé, nous a voulu faire voir l'e-
pitome de ſes merueilles, le nerf de ſa puiſſance, & le centre de toutes ſes vertus, donnant
vogue à vne compagnie de certains Freres, illuminez de ſa cognoiſſance, pour les mettre
en parangon de toutes les merueilles qui furent oncques & pourront eſtre, ſi toutesfois
l'on en peut eſperer d'autres apres celles-cy,
luy communiquant en blot & en maſſe toutes les vertus & proprietez qu'elle auoit par-
ticulierement diſtribuees à toutes les eſpeces
de ſes creatures. C'eſt pourquoy il ne ſe faut
point eſmerueiller ſi comme vn Giges ils ſe
rendent inuiſibles, comme vn Amphion *vnio-*

nes & gemmas ad se alliciunt, comme vn Ianus
ils iugent du passé & de l'aduenir, comme vn
Dedale ils se guindent en l'air & se transpor-
tent de l'Orient à l'Occident, du Midi au Se-
ptentrion, par vn des moindres ressorts & secrets de leur Cabale : finalement si comme vn
autre Apollonius ils donnent loy aux desti-
nees, maistrisent & gourmandent toutes les
autres creatures. Ceux qui veulent donner
quelque lustre de verité à leurs discours, &
confirmer par la raison ce qu'ils desirent estre
tenu pour vraysemblable, apres s'estre portez
pour tesmoins auriculaires de leurs appari-
tions, & auoir produit des Aduocats, Gentils-
hommes & Presidens qui pourroient rendre
asseuré tesmoignage de cette Congregation,
adioustent que l'homme estant l'abbregé &
raccourcy de toutes les merueilles, le chef-
d'œuure de la nature, le microcosme dedans
lequel reluisent tous les miracles de ce grand
Vniuers, & le seul objet capable de donner
bransle à cette machine, & faire rouler tous
ses globes pour enrichir de leurs influences le
thresor de ses perfections, s'il vient vne fois
à boursouffler les voiles de son trauail par le
tranmontant de son industrie, il ne se peut faire autrement qu'il ne pousse le vaisseau de ses
recherches auec vne tres-heureuse conduitte
au port de toutes ses intentions.

Ioan.
Annæ-
uillan-
nus,
Archit.
cap. I.
lib. I.

Velificatur Athos: dubio mare ponte ligatur:
Remus arat colles, pedibus substernitur vnda:
Puppe meatur humus; pelagi Tethys exuit vsum:
Salmoneus fulmen iaculatur: Dedalus alas
Induit: ingenij furor instat, & inuia præceps
Rumpit; & artifici cedit natura labori.

C'est pourquoy il n'y a point d'impossibilité, qu'apres vn autre monde descouuert, cettuy-cy tellement changé, accomply & perfectionné, que l'on n'y recognoist plus rien de son ancienne stupidité & rudesse : bref l'œconomie des Cieux descouuerte & manifestee par les obseruations d'vn Tycho-brahé, & les lunettes de Galilei : comme toutes choses tendent à leur fin & buttent à vne derniere perfection, il semble qu'icelle ayant esté déniee à nos peres, elle soit maintenant preste d'esclatter par le moyen de cette Compagnie, laquelle semble estre suscitee par celuy qui gouuerne tout cet Vniuers, pour confirmer par tant de miracles & operations inouyës cette instauration future promise par les Escritures, annoncee par les plus clair-voyans d'entre les hommes, & souhaittable à vn chacun. Veritablement tous ces discours sont émerueillables, ces propositions sublimes, & n'ayans rien du commun, & lesquelles charment plusieurs par le sucre de leurs paroles emmiellees à humer plus facilement le venin de leurs tromperies

&

& deception : Mais si quelques esprits qui ne
participent rien du Mercure, demeurans fer-
mes au dongeon de leur iugement,

Despicere vnde queant alios, passimq́, videre
    Errantes,

& faisant comme les Iurisconsultes, *idem iudi-*
cium de iis quæ non sunt, & quæ non apparent,
viennent à s'informer de la realité de ces choses, esplucher de plus prés & sonder iusques au
fond ces belles narrations,

Et tentare cauas vteri, & terebrare latebras:
ils trouueront au bout de leurs recherches que
c'est vn bruit semé par quelques personnes
semblables aux Philosophes Potamoniques,
desquels parle Suidas, lesquels destituez de
leur propre iugemét ne trouuoient bon, mauuais ou agreable que ce qui sembloit tel aux
autres ; ou plustost que c'est le bruit commun
d'vne populace, à laquelle Seneque ne se vou- de vita
droit pas fier d'vn si grand mystere, *Quæren-* beata.
dum, dit-il, *non quod vulgo placet, peßimo verita-*
tis interpreti: & Perse defend absolumét qu'on
ne l'escoute en tout ce qu'elle pourroit dire,

Nequiquam populo bibulas donaueris aures.   satyr. 4.
5.   Toutesfois si nous voulons passer plus
auant, & rechercher precisément la premiere
cause de cette bourrasque, laquelle souffle
maintenant dans nos campagnes, nous trou-
uerons que le bruit de cette confraternité s'e-

ſtant eſpandu depuis peu par l'Allemagne,
quelques Profeſſeurs, Medecins & perſonnes
ſtudieuſes de cette ville, auoient eu cette curioſité que d'en rechercher la cognoiſſance,
par le moyen des liures nouueaux qui leur
eſtoient communiquez par les Libraires apres
leur retour de la foire de Francfort, leſquels
neantmoins n'y recognoiſſans rien que des
chimeres & fanfaronneries, aimoient beaucoup mieux en attendant la farce prendre le
plaiſir de cette Comedie,

quam protinus vrbi
Pandere, res alta ſylua & caligine merſas,

& mettre leurs renommees en compromis
pour en eſtre les premiers denonciateurs, iu-
geans qu'il y auoit aſſez de fols dans Paris pour
ne laiſſer croupir cette marote. Et de faict il y
a enuiron trois mois que quelqu'vn d'iceux
voyant que le Roy eſtant à Fontainebleau, le
Royaume tranquille, & Mansfeld trop eſloi-
gné pour en auoir tous les iours des nouuelles,
l'on manquoit de diſcours ſur le Change, &
& par toutes les compagnies, s'aduiſa pour
vous en fournir de placarder par les carrefours
ce billet contenant ſix lignes manuſcrites, duquel i'ay iugé eſtre à propos de vous communiquer la copie, pour ſoulager vne infinité de
perſonnes qui ne l'ont veuë, d'en barboüiller
leurs tablettes.

*Nous deputez du College principal
des Freres de la Roze-Croix, fai-
sons sejour visible & inuisible en
cette ville, par la grace du Tres-
haut, vers lequel se tourne le cœur
des Iustes. Nous monstrons &
enseignons sans liures ny mar-
ques à parler toutes sortes de langues des pays où voulons estre,
pour tirer les hommes nos semblables d'erreur de mort.*

C'est cette affiche, Messieurs, laquelle comme
le messager des Latins dans Virgile,   lib. 7.
                                               Æneid.
   Ingentes, ignota in veste reportat
Aduenisse viros:
& verifie ce prouerbe des Italiens à nostre des-
auantage, *vn Matto ne fá cento:* c'est cette medaille laquelle vous ayant precipité par sa
premiere face à croire qu'elle n'estoit pas du
tout à rejetter, m'excite par son reuers à vous
representer & faire entendre, que suiuant le
dire de Seneque, *Opinione sæpius quàm reipsa*
laboramus: plura sunt quæ nos tenent, quàm quæ
premunt: & par mesme moyen donner iour &

esuenter aux Allemands mesme, tout ce qui est de cette belle fraternité, c'est vne chose facile, *quæ decipiunt nihil habent solidi, tenue est mendacium, perlucet si diligenter inspexeris.* Il n'est point de besoin du glaiue d'Alexandre, des yeux d'vne Lamie, ou de quelque Oedipe, pour en deslier, recognoistre & expliquer la verité. Quant à moy, ie me persuade qu'apres que ie vous en auray representé l'histoire pure, simple, & sans aucune glosse ou interpretation, elle sera tellement descreditee en vostre endroit, que les raisons que ie luy ietteray en queuë pour la défaire & harasser vous seront plustost recommandables pour confirmer vostre opinion, que non pas pour l'auoir desgagee de cette persuasion si ridicule.

Histoire au vray des Freres de la R. C.
CHAPITRE IV.

1. *Les choses diuines, naturelles & fortuites operent par de petits principes.*

2. *Histoire du fondateur des Freres de la R. C.*

3. *Leurs loix & articles.*

4. *Description de la grote & tombeau du Frere illuminé R. C.*

5. *Conclusion contre toutes ces inepties.*

1. I'AY souuentefois estimé qu'vne des plus releuees contemplations sur lesquelles l'homme pouuoit exercer les diuers

reſorts de ſon eſprit, pour en tirer quelque raiſon, eſtoit ce que nous voyons tous les iours
pratiquer par la nature, laquelle a de couſtume
de tirer la grandeur de ſes œuures de la petiteſ-
ſe de leurs principes, & d'vn foible commencement les mener au progrés d'vne perfection
accōplie. Ce que ie ne croi point qu'elle puiſſe
participer d'autres que de ce premier moteur
& grand ouurier celeſte, lequel ayant parfait
& accompli les deux plus grands myſteres de
ſa Diuinité par vne ſimple parole, a voulu que
celle qu'il auoit creée de ſi peu de choſe prati-
quaſt cet exemple en la production de toutes
les creatures. Comme en effect nous voyons
les plus hauts & ſpacieux cheſnes du nouueau monde ſur le touffu branchage deſquels
les Roys de ce pays eſtabliſſent leur palais &
demeure, eſtre produicts d'vn petit germe, &
les elephans & balenes d'vn atome, s'il faut
ainſi parler de ſemence, en comparaiſon de
leurs corps. Mais la Nature n'eſt pas toute ſeule qui ſe peut vanter de cette grace, les plus
petits animaux, beſtioles & inſectes, produiſent quelquefois des effects miraculeux en
vertu de ce priuilege : & ce que les hommes
par le feu, le fer & la force, ont à grand' peine
peu accomplir, les connils, taulpes, grenoüil-
les, ſauterelles, ſerpens & paſſereaux, en ſont
venus à bout cherchans leur nourriture. Ca-

chap. 8.
liure I.
vol. I.
des Me-
dit. hi-
ſtoriq.

Manil.
in A-
ſtron.

merarius en pourſuit les exemples, & voſtre veuë ne vous permet pas d'en douter.

Paruula nam totum peruadit pupula cœlum,
   Quoq; vidĕt oculi nimiũ eſt, cũ maxima cernăt.

Et pour eſtendre cette contẽplation aux choſes fortuites auſſi bien qu'aux diuines & naturelles, n'eſt-ce pas vne choſe ſurpaſſante la portee de noſtre eſprit, qu'vn Arius, vn Luther, vn Caluin, l'opprobre de leurs pays & la hóte des hómes, enfermez dans leurs eſtudes, broüillans la carte & le papier, par vne douzaine de nouuelles propoſitions ayent armé le fils contre le pere, bouleuerſé les plus grandes Monarchies, & pẽſé eſteindre la race du genre humain, & occaſionné de ſi grands malheurs & calamitez, que ie ſuis contraint de dire auec Lucrece,

Tantum relligio potuit ſuadere malorum.
ou plus veritablement,

Relligio peperit ſcelerata & impia facta.
N'eſt-ce pas vne merueille du tout eſtrange que les Ætoles & Arcades s'acharnerent à la guerre pour vne hure de ſanglier, ceux de Carthage & de Biſague pour le fuſt d'vn brigantin; le Duc de Bourgongne & les Suiſſes pour vn chariot de peaux de mouton, les Friſons & les Romains du temps de Druſus pour des cuirs de bœufs; & finalement que les Pictes furent entierement deſtruits par les Eſcoſſois

Bodin
liure 4.
chap. I.
de ſa
Republ.

fous ombre de quelques chiens perdus:& l'hiftoire de Pixodore n'eft-elle pas encore plus
ridicule, lequel fut mis au nombre des Dieux
par la corne de fon belier? La merueille de ces
chofes pourroit peut-eftre inciter quelqu'vn
à iuger qu'elles font fans exemple en ce fiecle:
mais fans aller plus loing fix lignes d'efcriture
en France,& trois fueilles de papier pour l'Allemagne, fous l'adueu defquelles s'eft gliffee
au monde la creance que l'on a de ces Torla-
gins,Nubiens &Cingariftes de la Roze-Croix
pourront fournir de quoy fatisfaire à leur curiofité. Ce que vous admirerez dauantage
quand par le difcours fuiuant vous aurez recognu leurs inepties, le narré defquelles ie
vous donne pour m'acquitter de ma promef-
fe, & vous prie de le confiderer, *nec enim aut
animi aut oculi acies intēditur nifi in minutiſſima.*

2. L'an 1615. Iean Bringern imprima à
Francfort vn liure en Allemand contenant
deux opufcules, intitulees Manifefte & confeffion de foy des Freres de la R. C. lefquels
pour eftre les deux premieres qui ont annōcé
les nouuelles de cette congregation,nous ap-
prennent que le premier fondateur d'icelle
fut vn Allemand, lequel eftant né l'an 1378.
de parens fort pauures & neceffiteux, quoy
que nobles & de bonne maifon, fut mis par
eux à l'aage de cinq ans dans vn Monaftere,où

Crinit.
lib. 2.
cap. 7.
de hon.
difcip.

Nicol.
Hill.
Aph.
205.
Phi.
Epic.

il acquit la cognoiſſance de la langue Grecque
& Latine, deſquelles eſtant aſſez bien fourny
il en ſortit à l'aage de ſeize ans, & s'accoſtant
de quelques Magiciens il apprit leurs ſciences,
& veſcut auec eux l'eſpace de cinq ans, leſquels accomplis il commença à vingt-vn an
ſes voyages, premierement en Turquie, où il
acquit vne partie de ſa doctrine, & viſita vne
cité d'Arabie nõmee Damcar, laquelle eſtoit
ſeulement habitee de Philoſophes viuans d'v-
ne façon toute extraordinaire, & fort verſez
en la cognoiſſance de la nature, leſquels le re-
ceurent auſſi gracieuſement & auec autant de
courtoiſie & teſmoignage d'amitié, que les
Brachmanes auoient faict autrefois Thya-
nee, le ſaluerent par ſon propre nom ſans
qu'il leur euſt dict ou manifeſté, luy reuele-
rẽt pluſieurs choſes qui s'eſtoient paſſees dans
ſon Monaſtere pendant le ſejour d'onze ans
qu'il y auoit faict, l'aſſeurent qu'ils l'auoient
long temps attendu, comme celuy qui deuoit
eſtre l'autheur d'vne generale reformation en
l'Vniuers; & luy communiquerent vne infinité de leurs ſecrets, deſquels eſtant pourueu, il
en partit apres y auoir demeuré trois ans, &
s'achemina iuſques en Barbarie, où il vit la ville de Fez, & ayant communiqué auec les Sa-
ges & Cabaliſtes qui y ſont en grand nombre,
il paſſa en Eſpagne, de laquelle eſtant chaſſé
parce

parce qu'il y vouloit establir les premiers fondemens de son Instauration, il fut contraint de se retirer en son pays natal d'Allemagne, auquel il vescut solitairement iusques à l'aage de cent six ans ; qu'estant encor sain de iugement & bien disposé de tous ses membres, sans participer aucune incommodité de maladie, Dieu retira son esprit à luy l'an 1484. laissant son corps dedans sa grotte laquelle luy seruit de tombeau, iusques à ce que 120. ans apres, qui estoit le temps que ce sepulchre deuoit estre secret & caché, il fut descouuert, & donna sujet à la côgregation des Freres de la R.C.

3. Ils se trouuerent quatre au commencement, & depuis se sont accreus & augmentez iusques au nombre de huict, lesquels estans tous vierges ont voulu se donner à cognoistre au monde sous le nom & epithete de leur premier fondateur, lequel n'a iamais esté recognu par autre tiltre que celuy de Frere illuminé de la R. C. auec vne ferme resolution d'obseruer les loix & principaux poincts de la regle qu'il leur auoit laissee, sçauoir d'exercer la Medecine charitablement & sans prendre aucune recompense.

Se vestir suiuant la mode du pays auquel ils se rencontreront, se trouuer tous les ans vne fois à la Congregation.

Choisir quand besoin en sera vn successeur

idoine & capable de tenir leur place & les representer.

Auoir le charactere de la R.C. pour marque & symbole de leur Congregation.

Donner ordre que le lieu de leur sepulture soit incognu quand il arriuera à quelqu'vn d'eux de mourir en pays estrange.

Tenir leur Congregation secrete & cachee par l'espace de six vingts ans, & croire fermement que cette compagnie venant à faillir elle pouuoit estre redintegree au sepulchre & monument de leur premier fondateur.

Tous lesquels preceptes estans fort faciles à executer, ils se vantent neantmoins d'obtenir par l'obseruation d'iceux des graces & facultez si inestimables, que Dieu iusques au iourd'huy n'en a point communiqué de semblables à pas vne de ses creatures.

Car ils disent & asseurent que les meditations de leur premier fondateur excedent & surpassent tout ce qui a iamais esté cognu, trouué, ou entédu depuis la creation du monde, par estude humaine, reuelation diuine, ou ministere des Anges.

Qu'ils sont destinez pour accomplir la prochaine instauration de toutes les choses de ce monde en vn meilleur estat, deuant que sa fin arriue.

Qu'ils possedent la sagesse & pieté en vn supreme degré ; & que pour tout ce qui se peut desirer des graces de la Nature, ils en sont paisibles possesseurs, & les peuuent dispenser selon qu'ils le iugent à propos.

Qu'en quelque lieu qu'ils soient ils cognoissent mieux toutes les choses qui se passent au reste du monde, que si elles leur estoient presentes.

Qu'ils ne sont subjets à la faim, soif, vieillesse, maladie, ou autre incommodité.

Qu'ils cognoissent par reuelation ceux qui sont dignes d'estre admis en leur compagnie.

Qu'ils peuuent en tout temps viure comme s'ils auoient esté dés le commencement du monde, ou s'ils estoient pour demeurer iusques à la fin.

Qu'ils ont vn volume dans lequel ils peuuent apprendre tout ce qui est dans les autres liures qui sont & qui pourront iamais estre.

Qu'ils peuuent forcer à leur seruice les esprits & demons les plus puissants, & tirer à eux les perles & pierres precieuses par la vertu de leur chant.

Que Dieu les a couuert d'vne nuee pour les defendre de leurs ennemis, & que personne ne les peut voir qui n'ait les yeux plus perçans qu'vn Aigle.

Que les huict premiers Freres de leur compagnie auoient la grace de guerir les malades

ſi abondante en eux, que la multitude des af-
fligez leur cauſoit de l'empeſchement ; & que
l'vn d'iceux fort verſé en la Cabale, comme le
teſmoigne ſon liure H, auoit guery de ladre-
rie le Comte de Norfolt en Angleterre.

Que Dieu a deliberé de multiplier le nombre de leur compagnie.

Qu'ils ont trouué vn nouuel idiome pour
exprimer la nature de toutes les choſes.

Que par leur moyen le triple Diademe du
Pape ſera reduit en poudre.

Qu'ils confeſſent librement,& publient ſans
aucune crainte d'en eſtre repris, que le Pape
eſt l'Antechriſt.

Qu'ils condamnent les blaſphemes de l'O-
rient & Occident, c'eſt à dire de Mahomet &
du Pape, & recognoiſſent deux Sacremens,
auec les ceremonies de la premiere Egliſe re-
nouuellee.

Qu'ils recognoiſſent la quatrieſme Monarchie, & l'Empereur des Romains pour chef
d'eux & de tous les Chreſtiens.

Qu'ils luy fourniront plus d'or & d'argent
que le Roy d'Eſpagne n'en tire de reuenu des
Indes tant Orientales qu'Occidentales, d'autant que leurs threſors ne peuuent iamais eſtre
eſpuiſez.

Que leur College, lequel ils nomment du
S. Eſprit, ne peut iamais eſtre endommagé.

combien que cent mille personnes l'eussent veu & remarqué.

Que leur Bibliotheque est garnie de plusieurs liures mysterieux, le premier desquels se nomme *les Axiomes*, le second *le Protheus*, le troisiesme *la Roue*; les autres sont deux liures *du monde*, le premier traduit d'Arabe en Latin par leur fondateur durant le sejour qu'il fit à la ville de *Damcar*, le second composé par eux; vn grand Dictionaire; & le dernier, qui leur est le plus vtile de tous apres la Bible, est celuy que tenoit le Reuerend Pere illuminé R. C. en sa main dextre apres sa mort.

Qu'ils sont certains & asseurez que la verité de leurs maximes doit durer iusques à la derniere periode du monde.

Bref ils asseurent qu'ils ne parlent point en enigmes ou paraboles, qu'ils ne veulent point estre recognus pour Autheurs de quelques nouueautez; & protestent que personne ne doit estimer la confession de tant de merueilles leur estre eschappee par inaduertance, ou auoir esté publiee par malice.

4. Au demeurant ils disent que la spelunque ou grotte en laquelle reposoit le corps de leur fondateur, estoit esclairee d'vn soleil qui estoit au fond de cet antre & cauerne, & lequel receuant sa lumiere du soleil du monde, donnoit moyen de recognoistre toutes les bel-

les raretez qui estoient en icelle, & premierement vne platine de cuiure posee sur vn autel
rond, dedans laquelle estoit escrit, *A. C. R. C.
viuant ie me suis reserué pour sepulchre cet abbregé
de lumiere* : & quatre figures auec leurs epi-
graphes, la premiere, *Iamais vuide*, la seconde
le ioug de la loy, la troisiesme *liberté de l'Euangile*,
la derniere *Gloire de Dieu entiere*. Il y auoit aussi
des lampes ardentes, des clochettes & miroirs
de plusieurs façons, des liures de diuerses sortes, & entre autres le Dictionaire des mots de
Paracelse, & le petit monde que le Frere illuminé R. C. auoit industrieusement elabouré,
semblable au grand en toutes ses parties & diuers mouuemens. Mais entre toutes ces raretez il n'y en auoit point de plus remarquable
qu'vne inscription laquelle ils trouuerent sous
vn vieil mur, *Apres six vingts ans ie seray descouuerte*, car elle nous denote l'an 1604. qu'ils
ont commencé à paroistre. Finalement par
l'offre qu'ils font de leurs thresors, ils inuitent
vn chacun de se ioindre à eux, & dóner fauorable response à ces deux petits liurets, lesquels
ils ont dediez aux Monarques, Estats, Com-
munautez, & hommes doctes de toute l'Europe.

Voila, Messieurs, cette Diane chasseresse
que ie vous ay faict voir toute nuë, ces Deesses
Eleusines desquelles i'ay dechiré le voile pour

vous monstrer leurs sacrifices, sans toutesfois
que vous deuiez craindre ou redouter la pu-
nition d'vn Acteon ou les songes du Philoso-
phe Numenius. Tout le bien & le mal qu'ils
nous peuuent faire est iustemét vne fleur sans
fruict, vn esclair sans tonnerre, vnᵉ parole sans
effect, & pour le trancher court *fulgur in vitro,*
sonus in cacabo. L'esclat de leur promesse n'est
point capable d'offusquer le flambeau de nostre raison, le nombre de leurs propositions
d'estonner nostre memoire : & les mensonges
tissus d'vne telle impudence n'ont pas plustost
franchi les bornes de la modestie pour faire
bresche à nostre iugement, qu'ils s'en retour-
nent battus & mattrassez par la verité mesme.
Ils ont beau nous prescrire vne probation de
sept ans, laquelle ne consiste qu'en la gehen-
ne d'vn perpetuel siléce, & nous crier de loing
ce qu'auoient de coustume de proclamer les
Prestres aux sacrifices,

Aduentante Dea, procul ô procul, este profani.
Ils ne seront non plus maistres de nostre response, que nous auons esté de leur confession.
Et puis qu'il y a si long temps qu'ils l'ont aban-
donnee, monstrons leurs qu'ils ont tort de
nous persuader à la receuoir.

Response à la principale raison de l'instauration promise, laquelle est le principal fondement de cette Compagnie.

CHAPITRE V.

1. CE n'est point de merueille que ces deux petits liurets, lesquels pour estre les premieres Annales & Euangiles de cette Congregation, doiuent tenir, comme il est à conjecturer, mesme grade entre les Freres illuminez, que le nouueau Testament enuers les Chrestiens, l'Alcoran parmi les Arabes, & le Pentatheuque entre les Iuifs, ayent eu cette puissance que de maistriser vne infinité de personnes, captiuer leur imagination, & persuader à leur iugement, qu'estans signalez par vne telle quãtité de merueilles, ils estoient preferables

preferables à toute cette roüillee quinquaille
de l'antiquité, & deüoient pluſtoſt retenir nos
eſprits occupez à la belle monſtre de leurs pro-
meſſes,

Quam Nicolatiſtæ, Scotiſtæ, totq́, Thomiſtæ,
Quam tot Alexandri, quã tot ſine fine Magiſtri,
leſquels n'ayans enuiſagé les ſciences que par
l'exterieur de leur couuerture, eſtoient pluſtoſt capables de nous donner vn dégout d'i-
celles, que non pas de nous auãcer en leur cognoiſſance. Ils nous ont abordez, diſent-ils,
ayans le vent en poupe de cette imaginee Inſtauration, & ont eſté pouſſez en nos riuages
ſuiuans la maree de toutes les Propheties qui
en auoient eſté faictes : c'eſtoit vne choſe laquelle nous eſtant de long temps promiſe,
nous n'attendions que l'heure qu'elle paruſt
en nos iours, pour inſtaler les partiſans de ſa
gloire en poſſeſſion de ſes merueilles, à la confuſion de tous ſes ennemis. Ces paroles ani-
mees de l'eſperance d'vn ſi grand bien ſont veritablement ſpecieuſes, & leſquelles ſemble-
roient capables d'eſtonner noſtre iugement, ſi
elles nous oſtoient auſſi bien la hardieſſe de les
examiner, comme elles nous donneront occaſion par leurs inepties d'en faire le ſujet de nos
riſees, & proferer auec le Poëte Satyrique,

Credat hæc Iudæus Apella,
Non ego.

Merlin.
Coc.
Macar.
15.

F

2. C'a esté vne des principales resueries de cet Hermite Philippe Bombast, Aureole, Theophraste, Paracelse, de Hohenhehin, lequel sorti d'vn des Cantons de Suisse, s'est voulu signaler par la multitude de ses noms, aussi bien que par la pernicieuse nouueauté de sa doctrine, de nous vouloir persuader qu'il n'estoit que le precurseur d'vn certain Helie Artiste, lequel deuoit venir apres luy & esclater au monde fourny du secret veritable de la transmutation des metaux, & de toutes les sciences, pour reformer la corruption qui par laps de temps s'estoit glissee en icelles, *Quod vtilius est*, dit-il chap. VIII. du liure des Mineraux, *Deus patefieri sinit, quod autem maioris momenti est*, à sçauoir la transmutation des metaux en or, *vulgo adhuc latet vsque ad Eliæ Artistæ aduentum, quando is venerit.* & au premier traicté du mesme liure il dit ces propres mots, *Hoc item verum est, nihil est absconditum quod non sit retegendum, ideo post me veniet cuius magnale nondum viuit, qui multa reuelabit.* Ausquels passages Alexandre Schuten en son liure des secrets de l'Antimoine, & Eucher Cygnee en sa response à Nehusius, adioustent autant de foy qu'à la verité mesme. Postel qui auoit l'esprit trop ambitieux pour rien tenir d'vn autre, voyant que cettui-cy auoit produict vn Helie, mit en ieu sa mere Ieanne, la-

quelle il vouloit eſtre deſtinee pour accomplir
le myſtere de la Religion en cette reſtitution
de toutes choſes : ce qu'il a touſiours maintenu deuoir arriuer, comme ſes liures mis en lumiere ſous les tiltres *De ultima natiuitate me-*
diatoris: De inſtauratione rerum omnium per ma-
nus Heliæ prophetæ : De abſconditis à conſtitutione
mundi; & vne infinité d'autres le teſmoignent
aſſez ouuertement : voire meſme il confeſſe
ſur la fin de ſon liure des Origines, qu'il a ra-
maſſé au liure *De reſtitutione rerũ omnium,* cxx.
rationes confirmantes adfore aliquando optimis
votis & optimis factis optimos ſucceſſus & omnium
reſtitutionem. Et certain Anonyme qui a mis
en lumiere l'Epiſtre de Roger Baccon *De pote-*
ſtate artis & naturæ, paſſe bien plus outre, & ſe
dõne carriere en ſes imaginatiõs: car en la Preface au Lecteur il dit que cette renouation &
inſtauration future ſe fera principalement remarquer en trois poincts : le premier en l'vnité
de Religion par la conuerſion des Iuifs, Idola-
tres & Iſmaelites: le ſecond en l'abondance &
richeſſe de toutes ſortes de biens: & le dernier
fera reluire les vertus, eſclater les ſciences , &
obligera vn chacun à viure comme euſt faict
noſtre premier pere s'il fuſt demeuré en l'eſtat
de ſa iuſtice originelle : laquelle diſtribution il
confirme par vne infinité de paſſages de la ſaincte Eſcriture, le tout pour piloter & eſtablir le

F ij

premier principe & fondement de cette Congregation de la R. C. lequel n’eſt autre que
cette reſtitution, *quàm fratres, & ante illos alij,
non modò ad futuram, ſed etiam incœptam eſſe
denunciant:* la publiant eux meſmes, & s’en de-
clarans les executeurs pag. 32. de leur Manifeſte: *Plus auri pollicemur quàm Rex Hiſpaniæ ex
vtraque India auferat. Europa enim prægnans eſt,
& robuſtum puerum pariet,* lequel ne ſçauroit
eſtre autre que cet Helie Artiſte promis par
Paracelſe. Voila, Meſſieurs, la baſe de cette
Confrairie, l’origine de ce Manifeſte, la cauſe
de tant de chimeres, & le gond ſur lequel tour-
nent tant de fantaiſies. Cette ſource eſtant ta-
rie les ruiſſeaux ſe ſecheront: cette racine cou-
pee les branches ſe fanneront: ce fondement
ſappé adieu tout l’edifice, *Hic Rhodus, hic Sal-
tus, hoc opus hic labor eſt.*

3. Cet Helie de Paracelſe duquel il nous fait
conceuoir tant de belles eſperances, ne ſe peut
comprendre ou expliquer qu’en deux façons,
le prenant en general, ou determiné à quelque
perſonne & indiuidu: ſi en general, il ne ſigni-
fie rien autre choſe que les periodes du temps
auſquelles toutes les choſes paruiennent toſt
ou tard à leur perfection & maturité: ce qu’il
explique luy meſme au lieu ſus allegué, *Æquè
enim,* dit-il, *artes Eliam habent, ac de cætero in-
telligitur:* ſuiuant laquelle interpretation nous

pouuons dire que l'Eloquence auoit son Helie au siecle de Ciceron, durãt lequel elle estoit
à la vigueur de son aage; que la Philosophie
auoit le sien du temps de Platon & Aristote,
puisque faisant rouller sur ces deux poles tout
le globe des Sciences, elle est paruenuë iusques à nous par leur moyen : & le mesme se
peut dire de tous les autres periodes, durant
lesquelles quelque chose que ce soit est remarquee fleurir & exceller. Que si nous le prenõs
pour quelque personne ou indiuidu doué de
toutes les vertus & facultez qu'il luy attribue,
nous pouuons dire premierement que ce n'est
rien qu'vne pure chimere & fantaisie mon-
strueuse de sa ceruelle, laquelle suiuãt la commune destinee de toutes les propheties enon-
cees si clairement, qu'elles ont plustost besoin
d'estre verifiees par effect, qu'expliquees par
la parole ; sera remarquee aussi fausse son
terme defini arriué, que celle d'vn Arnauld de
Villeneufue, lequel, au recit de Pic de la Mirandole, fut si temeraire que de nous annon-
cer la venuë de son Antechrist pour l'an 1345.
d'vn Albumasar qui auoit determiné la durée
de la Religion Chrestienne ne deuoir exceder
l'an 1440. d'vn Abraham qui promit aux Iuifs
la venue de leur Messie en 1464. de tous ces
Astrologues qui predisoient vn deluge vni-
uersel futur à l'annee 1524. d'vn Cyprian Leo-

F iij

lib. 5.
aduer l.
Astrol.

Schep-
per. as-
sert. fi-
dei. lib.
2. cap. 3

uice qui auoit taillé pour trente ans d'Ephe-
merides apres la fin du monde; d'vn Sauanarole que l'heureuse conduitte des grands Ducs
de Florence dément tous les iours de cette
prophetie, laquelle à la suscitation d'vn Sode-
rin il publia si souuent dans Florence, *Item pa-
lam prædicaui, rursusq́, affirmo, ex diuina inspira-
tione, quod quisquis ciuis Florentinus domi forisue
procurabit principatum sibi in ea ciuitate vsurpare,
aut nouissimum regimen violare, cum vniuersa do-
mo sua cunctisq́, secum conspirantibus, eum Deus
grauiter puniet, ac demum lacrymabili exitu faciet
interire*; bref que celle qu'vn Guillaume Postel nous a si souuent voulu persuader de sa
mere Ieanne : lesquelles toutes, le temps pere
de la verité declare auoir esté tres-faussement
auancees & publiees par leurs Autheurs, &
nous monstre par ces exemples à faire & donner le mesme iugement du futur Helie de Paracelse, lequel n'estant fondé & establi que
sur le caprice de ses imaginations, merite d'e-
stre moins creu que les precedentes, lesquelles nous donneroient toutes l'Astrologie pour
caution de leurs promesses & futures predictions. Ou plus precisément nous pouuons
respondre, auec Penotus en son liure *de dena-
rio medico*, que Paracelse ayant transcrit & des-
robé plusieurs de ses Traictez, des œuures de
l'Anfranc, Arnauld de Villeneufue, Raymond

Lulle, Rupeſciſſa, Harlandus & Tritheme, il
s'eſtoit auſſi approprié les eſcrits d'vn certain
Moine Allemand, lequel au rapport de Cra-
ton, auoit eſcrit doctement de toute la Chymie deux cens ans auparauant luy; ou pluſtoſt
comme le teſmoigne Mélchior Adamus en ſa
vie, ceux d'vn docte Chymiſte nommé Iſaac
Hollandois, leſquels eſtans eſcrits en Allemand il auoit mis en lumiere & diuulgué ſous
ſon nom. C'eſt pourquoy preuoyant qu'auec
le temps les œuures dudit Iſaac pouuoient
ſortir en lumiere, & ſupprimer les ſiennes par
la deſcouuerte d'vn larrecin ſi manifeſte, il a
eu cette induſtrie, que de nous vouloir perſuader qu'apres luy viendroit vn Helie Artiſte, lequel nous monſtreroit à nud & à deſcouuert
tous les myſterieux ſecrets que par ſes phraſes
obſcures, mots nouueaux & ſynonimes il nous
auoit cachez dans le labyrinthe embroüillé
& l'obſcur cahos de toutes ſes œuures: *Hic
ipſe Iſaacus Hollandus ille eſt*, dit Penot, *de quo
Paracelſus vaticinatus eſt, dicens: & veniet poſt
me Helias Artiſta, qui abdita rerum patefaciet:
præuidebat Paracelſus Iſaaci opera fore tandem
manifeſta, & peruentura ad manus doctiſſimorum
virorum.* Quoy que s'en ſoit, il eſt tres-euident
& manifeſte que cet Helie mis au monde par
Paracelſ, éleué & nourry par cette fraternité,
eſt la ſeule cauſe de ſa ruine & totale deſtru-

ctiõ des Illuminez. Car ie voudrois bien qu'ils
eufsét satisfaict à ce dilemme lequel pointe ses
cornes pour les fracasser, Ou ils n'adioustent
point de foy à cet Helie Artiste & predictiõ de
Paracelse, ou ils la prennét pour base & fõde-
ment de leur origine. Si le premier, ils contre-
disent au passage de leur Manifeste & à celuy
de l'Anonyme, alleguez cy dessus : Si le dernier, ou Paracelse s'est mespris disant que son
Helie Artiste, lequel au iugement de *Helio-*
philus, à Percis Philochemicus, en son Traicté *de*
Helia Artista, doit seulement paroistre en l'an
1650. seroit le premier qui auroit le secret de la
pouldre de projection, & d'vne infinité d'autres merueilles ; ou nos Freres ont menti de
dire expressément qu'ils possedent ce secret, &
par consequence ; car puis qu'ils sçauent toutes choses, doncques celle-là. Quelque party
qu'ils prennent ils ne peuuent euiter vne fausseté tres-manifeste, & par consequent destru-
ction de toute leur Cabale en suitte de ces
contradictions.

4. Ce seroit perdre le temps à credit & mal
à propos que de s'amuser à donner l'explication de plus d'vne centaine de passages de la
saincte Escriture, que l'Anonyme auoit cottez
pour preuue de sa future Instauration : Postel
s'en estoit seruy premier que luy pour establir
la sienne : c'est pourquoy ce dernier estant refuté,

futé, ie croiray auoir satisfaict à ce que i'auois
entrepris, qui estoit de renuerser le principal
fondement de cette Congregation. Et pour
ne m'arrester à l'opinion de ceux qui combat-
tent les vertus de ce siecle d'or par la sentence
d'Horace, *Ætas parentum peior auis, tulit nos ne-
quiores*; & en poursuiure la verité par l'ex perience de nos iours, pour mettre plustost fin à
cette querelle, *iugulum peto* de sa derniere preuue ; estant bien certain que cette base ruinee,
toutes les autres raisons que l'on apporte pour
l'affirmatiue de cette fraternité peuuent estre
facilement éuentees par les argumens contre
les Chymistes, que l'on peut lire dans Eraste,
Guibert, Riolan pere & fils, & vne infinité de
doctes Medecins & Philosophes.   Ie diray
doncques, que s'il y eut iamais personnage en
France eminent en sçauoir, releué en doctrine
& admirable en reputation, ce fut Guillaume
Postel, si consommé en toutes sortes de sciences dés sa ieunesse, que *Humbertus Montismo-
retanus* en a rendu fidel tesmoignage par ce
distique,

 Legistam si quis, si quis reperire poetam,

  Philosophumq́ cupit, te petat, omnis homo es.

Neantmoins comme ce sage Empereur Marc
Aurelle disoit, que les bordeaux se peuploient
des plus belles femmes, que les plus vaillans
deuenoient brigands, les plus subtils larrons,

G

& ceux qui auoient l'entendement plus vif,
fols: auſſi pouuons nous dire, que cettui-cy
pour quelque temps, comme il eſtoit releué en
ſçauoir par deſſus le commun des hommes, ſe
fit remarquer par ſes extrauagances pour le
plus ſage d'entre les fols, oſant publier les erreurs de ſa mere Ieanne (leſquelles ont eſté
ſuffiſamment refutees par Gregoire de Tho-
loſe chap. 10. du liure 3. du commentaire ſur
le 6. de ſon Encyclopedie) & vanter par tout
les inepties cy deſſus rapportees de ſa nouuelle Inſtauration. Pour ſoudre leſquelles nous
n'appellerons point le temps à teſmoin qui a
rendu toutes ces fauſſetez vaines, auſſi bien
que les propheties du meſme ſur la conqueſte
de l'Orient, qui deuoit eſtre executee par le
Roy François premier; & s'eſtant trompé en
iceluy, Henry II. & par apres Charles IX.
Mais ayant moyen de ſauuer ſon honneur par
les retractations qu'il en a faict, nous donne-
rons volontiers ce peu de trauail à ſes merites.
Il publia doneques l'an 1564. vn liure contenant les retractations des propos qu'il auoit te-
nus de la mere Ieanne, autrement dicte la vierge Venetianne, addreſſé à la Reine Catherine
de Medicis, dedans lequel il explique ce qu'il
entendoit par icelle, en ces mots: *Sauf*, dit-il,
que toute ma vie preſente ie ne ceſſeray iamais de
monſtrer, ſoit en eſcriuant, ſoit en parlant ou preſ-

*chant, la doctrine de ma mere Ieochanach, qui est
la raison naturelle des articles de nostre foy Chrestienne Romaine, pour attirer l'vniuers en l'vnion
visible de nostre Eglise, seule Catholique : & en la
Politique ou Republique de nostre Gallique ou
François peuple.* Et pour ce qui touche l'instauration du reste de toutes les choses, il s'en des-
dit pareillement en vne de ses Oraisons Latines, laquelle m'a esté communiquee par monsieur Moreau Docteur en Medecine des plus
capables de la Faculté de Paris, en laquelle parlant du commencement de ses resueries, il dit
expressément, *Enthusiasmo enim inde impulsus,
& multorum iudicio in luxatæ mentis notas colla-
psus, impudentissimè & stultè delirantisq, instar,
multa & scribere & dicere sum coactus, quæ impro-
bari vulgo merito videntur : cuius rei & porrigo
herbam, & sum semper hanc culpam agniturus.* Il
n'est pas mesmes iusques à quelques epithetes
extrauagátes qu'il auoit pris à la soubscription
de ses Oeuures, qu'il n'en rende raison au liure
cy dessus allegué : *Là,* dit-il parlant de Rome,
*ie fus faict Prestre Apostolique par le souuerain Vi-
caire du Pape, c'est à dire à tiltre de pauureté comme
estoient les Apostres, c'est la cause que ie me suis
nommé en quelques miens escripts par apres, Prestre de profession ou Ordre Apostolique, & en quelques autres Pierre Second, conuerti, ou Pandochee
Elie.* I'ay bien voulu rendre ce tesmoignage a

G ij

la bonne opinion que nous deuons auoir
de luy, la grande doctrine duquel merite toutes sortes d'excuses, & refuter ensemblement
la principale raison de l'existence de cette ima-
ginaire Compagnie.

Satisfaction à l'authorité de ceux qui ont approuué cette Compagnie.

CHAPITRE VI.

1. *C'est vne grand' mi-
sere que de rechercher
ce que l'on ne peut ob-
tenir.*

2. *Solution des authori-
tez de quelques Chy-*

mistes.

3. *Response à quelques
Autheurs qui en ont
escrit en Allemand.*

4. *Explication de celles
de trois Peres Iesuites.*

S I c'estoit vn sujet digne de commisera-
tion au temps passé, de voir que la chose la plus penible & la plus curieusement re-
cherchee, ait esté celle qui a frustré de sa iouyssance le trauail de ceux qui n'estimoient leur
felicité consister qu'en sa possession : *Quæ bea-*
titudo, dit Lactance, *erit mihi proposita, si sciuero*
vnde Nilus oriatur: vel quicquid Physici de cœlo
delirant. Alexandre neantmoins estant paruenu iusques au temple du Dieu Ammõ, ne s'en-
questa de rien premierement que de l'origine

cap. 8.
lib. 3.
diuin.
instit.

de ce fleuue: *scilicet hoc vnum ad Alexandri cõsti-*
tuendam deerat fortunam, quod si exploratum ha-
beret, omnes omnino eius numeros impleſſe videre-
tur. Iule Cesar faiſoit la meſme queſtion aux
Preſtres des Egyptiens : & Cambiſes auec ſon
armee en voulut auoir la cognoiſſance à quelque prix que ce fuſt,

        ſed paſtus cede ſuorum
Ignoto te, Nile, redit.

L'occaſion n'eſt pas moins lamentable au ſiecle preſent, de voir vne infinité d'eſtourdis, *qui*
auribus ſuis, potius quàm oculis credunt, chercher
comme en taſtant ſous la ſimple relation d'vn
Manifeſte & d'vne confeſſion, cet illuminé
Conuent des Freres de la Roze-Croix,

        qui ſemper inani
Quærendus ratione latet, nec contigit vlli
Hoc vidiſſe caput.

Et toutesfois ils ne laiſſent pas d'enuoyer Epiſtre ſur Epiſtres, prier & ſupplier d'eſtre receus
en cette venerable Compagnie, ſans que iuſques aujourd'huy pas vn de ces curieux ait eu
la faueur d'eſtre introduit comme quelque
nouueau catechiſé, non pas à la cognoiſſance de ces profonds & cachez myſteres, mais
ſeulement d'eſtre inſtruit & informé du lieu
de leur College, ou demeure particuliere de
quelqu'vn d'iceux.

   2. C'eſt l'importunité de ces credules, la-

Maxi.
Tyrius
ſer. 25.

Lucan.

Clau-
dian in
epigra.
de Nilo

quelle me contraint de respondre aux authoritez que l'on m'obiecte d'vn Majerus, Cy-
gneus, Combach, M. Potier, & vne infinité
d'autres Anonymes, lesquels ont semblé les
approuuer & se vouloir rendre leurs pilastres
& arcs-boutans, par les Epistres, Prefaces &
iugemens qu'ils leurs ont destinez en quelque
lieu qu'ils peussent estre, de la mesme façon
que Petrarque n'a pas laissé d'escrire, à Ciceron, Seneque, Tite-Liue, Varron, Quintilian,
Horace, & Polion, combien qu'ils fussent tous
hors de soupçon de receuoir ses lettres : vne
seule raison me pourroit fournir de defences
pour parer à toutes ces authoritez, si ie voulois
dire que ceux qui ont broüillé le papier en leur
faueur sont tous Chymistes, quint'essentiez
du cerueau aussi bien que de la bourse, semblables à ces miserables gueux de la Grece, desquels le Satyrique disoit,

Græculus esuriens ad Cælum iusseris, ibit:
& lesquels tournans la giroüette de leurs imaginations au premier vent des nouueautez qui
souffle à leurs aureilles, prendroient volontiers
le nom de cette Compagnie pour leur estre ce
qu'estoit anciennemẽt la Deesse Lauerne aux
marchands trompeurs & larrons,

pulchra Lauerna

Horat.
in epist. *Da mihi fallere: da iustum sanctumą, videri:*
Noctem peccatis, & fraudibus obijce nubem.

Mais pour fournir entierement ma carriere, & ne me point détraquer de l'Ecliptique de cette Instruction, que ie n'aye rencontré le tropique de laverité: I'aime mieux satisfaire à chacun en particulier, & respondre à Majerus, qui est celuy qui les a le plus preconisé, que nous ne deuõs adiouster aucune foy à ce qu'il a dict d'eux dedãs son liure intitulé, *Verum iuuentũ, seu munera Germaniæ ab ipsa primitus reperta, & toti orbi communicata:* parce que le bruit en estãt desia espandu par leur Manifeste & confession, il peut aussi bien les auoir realisez pour en attribuer la premiere source à sa nation, comme il a faict Charlemagne, Allemãd, pour y fõder par vne ignorãce crasse, ou flaterie manifeste, l'Empire de la quatriesme Monarchie: non plus qu'a ses autres escrits intitulez, *Silentiũ post clamores,* & *Themis aurea de legibus fraternitatis:* parce qu'estãt vn perpetuel Annaliste & Historien des plus barboüillez Chymistes & souffleurs, comme il l'a monstré en ses liures nommez, *Symbola aurea, hieroglyphica,* & vne infinité d'autres tout noircis de la fumee de ses fourneaux: & apres nous auoir donné pour veritables histoires dans son liure *De volucri arborea,* des fables semblables à celles que content les Poicteuins de Mellusine, & Geoffroy à la grand' dent, les Bretons du Roy Artus, les François de leurs douze Pairs, les Hibernois de l'Enfer de S. Patrice, les Prouençaux de l'anneau de Charlemagne, les Parisiens du Moyne-bourru, & les bonnes femmes de leurs Fees, peau d'asne, & mere à sept testes; il ne merite pas qu'on luy porte cette deference, que de le croire en vne fausseté si manifeste, veu que suiuant le tesmoignage mesme de S. Hierosme, *Mendaces ita faciunt, vt nec ipsis vera dicentibus, credatur.* Combach, homme de iugement & qui suit le train de la Philosophie Peripatetique, nous feroit plus de peine que Majer, s'il en auoit autant discouru; mais ne leur ayant addressé qu'vne Preface au deuant de sa Metaphysique, il a monstré que c'estoit plustost par gaillardise & pour faire debiter son liure, que non pas qu'il adioustast foy contre tous les fondemens d'Aristote à ce monstre chimerisé, & capable d'estre seulement receu & adioué par les esprits les plus grossiers, ou qui participét le plus de la Ciarlatanerie; comme celuy d'vn Michel Potier, lequel mettant vn liure *De Philosophia pura* en lumiere, l'a dedié à cette venerable Compagnie, l'existence de laquelle il a maintenu par le iugement qu'il en donne sur la fin de son Traicté; toutesfois il est bien aisé de conjecturer qu'il n'auoit garde de dire autrement, puis qu'il a esté si impudent & temeraire que de s'attribuer premierement le secret de la pierre Philosophale, offrant

par

par apres de le communiquer à vn chacun sans
enigmes, Meádres & difficultez, moyennát vne
recompense & salaire à la discretion : semblable à ces Astrologues *qui ab ijs drachmam petunt,*
quibus regna pollicentur, mais pire cent fois &
plus effronté, puis qu'eux peuuent iuger de
la destinee de leurs amis, & non pas disposer de
leur propre planette & constellation; là où ce
pauure belistre se disant proprietaire d'vn si
grád secret deuroit mourir de honte de se desmentir luy mesme nous publiant sa necessité,
côtre le dire exprés de Morienus grand Cori-
phee de tous les Lacrymistes qui refusa les pre-
sens du Roy Chalib, disant, *eos qui omnia penes*
se habent, alterius auxilio nullatenus indigere. Cy-
gneus merite plustost vn remerciment pour
ses lunettes, que non pas pour la cognoissance
qu'il nous ait donnee de cette fraternité : car
ne s'estant proposé que de refuter les argumés
de Nehusius, apres auoir grappillé tout ce qu'il
a dit de meilleur de Maier, il discourt si pertiné-
ment de cette societé, que nous en retirons autant de cognoissance par ses escrits, que feroit
vn malade de santé par cette belle ordónance,

Si vis sanari, de morbo nescio quali,
Accipias herbam, sed quam, vel nescio qualem,
Ponas nescio quo, sanabere nescio quando.

Bref six ou sept Anonymes qui tiennent lieu
d'vn bon liure dans mon Estude, sont si mal

H

contens de n'auoir eu aucune response à plusieurs & reïterees missiues, qu'ils ont tous pro-
testé de ne plus rien communiquer de leurs escrits à cette ingrate & inciuile Compagnie,

Ne turbata volent, rapidis ludibria ventis:
lib.1.de prouidentia. ioint que selon le dire de Synesius, *nulla nobis est ratio precandi, si spes tollitur impetrandi.*

3. Quelques-vns toutesfois me pourroient obiecter, que les liures publiez en langage Allemand sur ce sujet surpassent en hauteur plus de deux rames de papier, & que pour ne les auoir veus ou n'entendre l'idiome, ie ne puis pas en donner mon iugement: ausquels neantmoins i'ay de quoy satisfaire, s'il m'est permis, comme il l'a tousiours esté à vn chacun, de iuger *ex vngue leonem, & ex pollice gigantem*: car vn Libraire de mes amis m'ayant obligé de m'en faire voir vn d'iceux qu'il auoit faict mettre en François, intitulé *Pan-sophie*, ou *Speculum sophisticum Rodostauroticum*, mis au iour par Theophile Schireighart, ie trouuay apres l'auoir examiné qu'il estoit du rang de ceux desquels nous parlerons cy apres, c'est à sçauoir specieux au possible, diuersifié de belles figures, & rempli de Prefaces, Epistres, & Auant-propos, ne restant que quatre ou cinq fueilles pour expliquer sa Philosophie, laquelle estoit toute reduite sur la fin en vne table de six lignes, *Amphora cœpit*

Inſtitui, currente rota, cur vrceus exit.
ioint que ce m'eſt aſſez que le Philoſophe *Go-*
clenius ait refuté les erreurs de quelques autres
qui ſont ſortis en lumiere ſous les tiltres de
Clypeus veritatis, *Speculum conſtantiæ*, *Fortali-*
tium ſcientiæ.

    4. Ie n'ay point voulu noircir des charbons
de ces Chymiſtes, trois Reuerends Peres de la
Compagnie de Ieſus, les reſpectant dauantage
que de leur donner de tels & ſi deſcriez Com-
pagnons, le iugement deſquels participant le
genie de cette docte Societé,

    Quæ nihil expoſitum ſolet deducere, nec quæ
    Communi, feriat carmen triuiale, moneta,
doit eſtre de plus grãd poids en noſtre endroit
que tous ces enfumez Allemands, leſquels
voyans que l'on ne manqueroit de cauſes legitimes pour les recuſer, produiſent comme teſ-
moins irreprochables le Pere Gaultier en ſa
Chronologie, Robert en ſon *Goclenius Heau-*
tontimorumenos, & la doctrine curieuſe du Pere Garaſſe, qui tous trois s'ils ne l'approuuét,
auſſi ne la refutent ils pas, mais racontent cette hiſtoire & s'en ſeruent à leurs propos. Ce ſe-
roit faire neãtmoins trop peu d'eſtime du ſoli-
de iugement de ces Peres, que de ſe perſuader
qu'ils euſſent ſuiuy en cela la beſtiſe d'vne populace, & ne croy point que perſonne les accu-
ſe de cette calomnie, que ceux qui en ſont eux

mesmes participans: & quand bien cela seroit, vn petit mot d'explication est capable de les en deliurer. Le Pere Gaultier a faict ce qui estoit de son deuoir, remarquant dans les registres de sa Chronologie, le temps que ces deux petits liurets, du Manifeste & de la confession de la R.C. eurent vogue, croyant auec le Pere Robert, que si cette Compagnie auoit quelque apparence de verité, c'estoit plustost quelque cohuë d'Anabaptistes que non pas vne troupe de Magiciens, tels qu'ils se qualifient par leurs escrits. Et pour le Pere Garasse, il est vray qu'il a tiré quelques-vns de leurs articles du Pere Robert, lesquels il a faict si à propos entrer en paralelles auec les façons de faire des Libertins de ce temps, que tant pour ce sujet que pour l'industrie de son esprit & varieté de sa doctrine, ie suis fasché qu'il subise la censure que l'on donne de tous ceux qui ont faict paroistre leur doctrine en mesme matiere, sçauoir que personne n'escriuit iamais mieux contre les Atheistes, que les Greffiers qui ont minuté l'arrest de leur condemnation : si toutesfois, suiuant le dire de Tertulian, l'Eglise toute misericordieuse, *non quærat potius pudorem suffundere, quàm sanguinem effundere.*

Response aux experiences que l'on apporte pour confirmer cette Societé.

CHAPITRE VII.

1. *Il n'y a que des imposteurs qui se disent Freres de la R.C.*	3. *Ce qu'il fit n'estoit capable de le faire estimer tel.*
2. *Histoire d'vn pelerin qui se qualifia l'vn d'iceux.*	4. *Confutation de cette histoire par d'autres plus remarquables.*

1. SI le vray moyen d'establir quelque iugement sur les affaires presentes est de faire reflection sur les passees, & suiuant le succés des vnes iuger de l'euenement des autres: ie croy, Messieurs, qu'il n'y aura pas beaucoup de difficulté à vous persuader, apres vn si long catalogue d'imposteurs que nous a donné le sieur Coras dãs son histoire d'Arnauld du Tilh, & le narré que depuis encor vous auez veu d'vn supposé Sebastien Roy de Portugal: que si les persuasions de ces trompeurs ont peu trouuer place dans la trop precipitee imagination de quelques-vns, lesquels allechez par ie ne sçay quelle apparence de verité, se laissoient emporter aux mensonges de leurs persuasions; ce n'est point de merueille qu'en ce siecle encor tout eschauffé de la fabrique de tant de

nouueautez, quelques beliftres, defquels on en
a defia veu pendre cinq ou fix en Allemagne,
pour auoir exercé leur tromperie fous le tiltre
d'eftre confreres de la R. C. ayent eu la hardieffe de fe profeffer de leur Compagnie, & par ce
moyen impofer à ceux lefquels, comme les citoyens de la ville nommee Rhinocura, ont
monftré n'auoir point de nez pour les recognoiftre, ioint que fuiuanr le dire de S. Hierof-
me, *nihil eft tam facile, quàm vilem plebem & in-*
doctam, volubilitate lingua decipere, qua quidquid
non intelligit, admiratur: voire mefme l'induftrie de l'architecte de tous ces menfonges a
efté fi perçante en la Preface de fon Manifefte,
que de nous vouloir perfuader qu'vn *Adamus*
Hafelmeyer (condamné pour fes malefices)
auoit efté enuoyé aux galeres à caufe que par
vn zele & trop grande deuotion à cette Compagnie, il auoit auancé quelques paroles à fa
loüange, efperant par cette terreur de fuppli-
ce auoir vne excufe legitime de ne fe manife-
fter plus à defcouuert, & tenant toufiours nos
efprits attachez à l'efperance de l'effect de fes
promeffes, nous ofter le moyen, leur impoffibi-
lité recognuë, de dire auec le Poëte Moral,

O Dij, quam magna eft penuria mentis vbique,
In nugas quam prona via eft, quid creditis ifta,
Infani? qua nec poffunt ratione probari
Vlla, nec fenfu agnofci: quid vana timetis?

in epift.
ad Ne-
potian.

Palin-
genius
lib. 3.
Zodia-
ci.

Qui facilis credit, facilis quoque fallitur idem.
Mais cette fraternité laquelle s'atrribuë la
puissance de commander aux Demons, se rendre visible & inuisible, disposer de toutes choses comme bon luy semble, & de n'auoir autres bornes de sa puissance que celles de sa volonté, deuroit rougir de honte, que l'ombre
d'vne potence ait empesché le soleil d'vn Zo-
diaque de tant de vertus d'esclatter sur nostre
Orison, & darder à son orient quelques traicts
de sa lumiere, pour nous preparer à luy offrir
l'encens de nos sacrifices, & exciter vn chacun
de pratiquer en son endroit ce qui nous est
prescrit par Symmaque du respect que nous
deuons porter aux choses qui surpassent no- *epist. 54
stre capacité, *Nos venerari*, dit-il, *potius quam* lib. 10.
interpretari, diuina oracula conuenit.*

2. Il l'a faict, Messieurs, & le defaut de ma
memoire m'ayant laissé eschapper ces paroles,
estoit fauorisé de la petitesse d'vn liure, lequel
en trois ou quatre fueilles de papier nous fait
le recit d'vn certain pelerin qui parut comme
vn esclair l'an 1615. en vne ville d'Allemagne,
& assista en qualité de Medecin au pronostic
de mort d'vne certaine femme laquelle il auoit
aidee & secourüe de quelques remedes, faisoit
mine d'auoir la cognoissance des langues, &
beaucoup de curiositez touchant la cognoissance des simples, fit quelque relation de ce

qui s'estoit passé en ville durant le sejour qu'il auoit faict à ce logis ; bref excepté la doctrine en laquelle il eminoit vn peu dauantage, il estoit tout semblable à ce Iuif errant que nous descrit Cayer en son Histoire septenaire, sobre, taciturne, vestu à la negligence, ne demeurant volontiers long temps en vn mesme lieu, & moins encor desireux d'estre frequenté & recognu pour tel qu'il se professoit, sçauoir troisiesme Frere de la R. C. comme il declara au Medecin *Moltherus*, lequel pour en sçauoir peut estre autant que luy , ne put estre si bien persuadé d'adiouster foy à ses narrations, qu'il ne nous ait presenté cette histoire , & laissé libre à nostre iugement de discerner si elle estoit capable d'establir vne preuue certaine de cette Compagnie.

3. Pour moy desirant esquarrer toutes choses au niueau de la raison, pour me conformer tant qu'il me sera possible à ce *Ianus* du Satyrique, *quem nulla à tergo ciconia pinsit* : ie diray asseurément que toutes les merueilles de ce pelerin ne sont que les moindres discours de ceux qui tiennent quelque rang entre les personnes de lettres, & qu'il est bien aisé de discourir de la quint'essence, Medecine vniuerselle, pierre des Philosophes, signature des choses, thresors, planettes, intelligences, Magie, Cabale, Chymie, & mysteres les plus cachez,

deuant

Persius
satyr. 1.

deuant vne populace & troupe d'ignorans qui
pour ne les entendre les admirent, ou en pre-
sence de ceux qui auroient la capacité de respondre, si la liberté ne leur en estoit déniee
par ces oracles Encyclopediques, qui ne veulent estre contredits en leurs theses & propositions : l'histoire desquels si ie voulois tracer
selon que ie me l'imagine, ie dirois que ce sont
quelques cruches studieuses & pedants melancholiques, qui pour estre transportez de
mesme affection à la recherche d'vne infinité
d'imperceptibles secrets de la nature, que ceux
qui se mettroient volontiers en queste des ha-
zards & rencontres plus perilleuses, apres la
lecture des Amadis & semblables Romans,
s'ils n'auoient esté preuenus par Dom Quixote, font gloire d'imiter vn Apollonius, qu'ils
respectent comme le Dieu de leurs folies, &
apres auoir conceu si bonne opinion d'eux que
de s'estimer Freres de la R. C. aussi bien que ce
valet Cremonois, duquel parle Messie, Empereur, sont finalement contraints par l'humeur
noire qui les domine, de tracer les campagnes,
& viure, comme les bestes, en asseurance parmy l'effroy des lieux les plus aspres & solitaires.

Sic nimiæ bilis morbum, assignauit Homerus,
   Bellerophonteis sollicitudinibus.

Et pour vous faire cognoistre au doigt & à
l'œil, que la doctrine de ces Mysantropes, &

I

ce qu'il y a de plus myſterieux en toute leur Cabale, n'eſt pas digne d'entrer en comparaiſon auec ce que nos Profeſſeurs & Docteurs és ſciences eſtiment ſi peu de choſe, qu'ils ne s'en daigneroient vanter de la poſſeſſion: Examinons l'hiſtoire de ce pelerin & faux frere, & puis nous luy mettrons en teſte vn des noſtres, pour voir lequel des deux l'emportera. *Motherus* n'en dit rien autre choſe ſinon qu'il appliqua quelques remedes anodins à vne femme laquelle il iugea deuoir mourir de ſa maladie, comme de faict il arriua ; qu'il parloit diuerſes ſortes de langues, qu'il diſcouroit pertinemment de la vertu des ſimples, faiſoit quelques pronoſtics de la mutation du temps par l'Aſtrologie, declaroit ce qui s'eſtoit paſſé (& non pas ce qui ſe paſſoit) en la prochaine maiſon, & faiſoit quelques autres tours plus dignes d'vn Baſteleur ou Ciarlatan, que d'vn Frere de la R. C. Et ce ſont toutes les merueilles que l'on a iamais veu eſclater du foudre de cette Fraternité, leſquelles ſi nous venons à comparer auec celles d'vn Cardan, Scaliger, ou Pic de la Mirandole, il faudra de neceſſité que nous confeſſions que ces Freres illuminez ne ſont que des buffles & gros aſnes, dignes plus veritablement de porter ſur leur dos croiſé la Bibliotheque de ceux-cy, que non pas de paroiſtre & tenir rang au concert des gens doctes; ſi

ce n'eſt que la philautie & temerité les ſubor-
ne à dire comme ce tas d'ordure qui eſtoit ren-
uerſé dans l'eau auec quelques fruicts, *Nos
poma natamus.* Ce que pour monſtrer plus
facilement il n'eſt beſoin que de choiſir & trier
l'vn de ces trois pour entrer en lice & rompre
ſon bois contre le faquin de cette Compagnie:
Cardan s'en excuſera peut-eſtre, ne voulant
deſrober ce peu de temps à ſes plus ſerieuſes
occupations pour l'employer à vn ſujet de ſi
peu de merite, & nous donnera pour toute ſa-
tisfaction cette epigraphe grauee au reuers de
ſa medaille, *Tempus mea poſſeſſio.* Pic de la Mirandole, appellé par le ſieur de la Scale *monſtrũ
ſine vitio*, refuſera auſſi comme vn autre Alexandre, de courir auec ces larrons & plagiaires,
qui deſrobent tous les iours l'eſcorce de ſes
Oeuures, pour en tirer le ſuc & la moelle de
leurs eſcrits, qu'ils nous veulent rendre recommandables par cette lumiere diuine, laquelle
comme Philoſophes, pour ne faire vne panſ-
permie & confuſion de toutes choſes, nous
laiſſons à expliquer aux Cabaliſtes, Rabbins,
Theologiens & Thalmudiſtes. Vn ſeul Scaliger, accouſtumé pendant qu'il portoit les armes de matraſſer vne telle canaille, ſera le châ-
pion qui combattra pour nous en cette querelle, lequel eſtant Medecin de profeſſion, n'a
pas ſeulement, comme noſtre pelerin, appaiſé

les douleurs de quelque pauure malade, mais
conſerué la vie, entant que nature le permettoit, à vne infinité de ſes citoyens : la cognoiſſance des langues luy eſtoit auſſi ſi familiere,
qu'apres ſon Auicenne traduit de l'Arabe, ſes
Notes & Animaduerſions ſur le texte Grec de
l'hiſtoire des animaux,& l'elegance de ſon ſty-
le en Latin, nous ne ſçaurions douter des autres plus faciles, leſquelles il auoit acquiſes par
hantiſe & frequentation : & il faudroit eſtre
pires qu'aueugles pour ne iuger par les Commentaires que nous auons de luy ſur l'hiſtoire
des plantes, d'Ariſtote & Theophraſte, qu'il
pouuoit mieux & plus pertinemment diſcou-
rir de leurs vertus & facultez que non pas ce
coureur & Empirique, qui n'en parloit qu'en
general & ſuperficiellement: Il eſt vray neantmoins que la Ciarlatanerie de laquelle il ſe re-
cognoiſt totalement ignare & deſpourueu,eſt
ſeule capable de le fruſtrer du triomphe de ſes
victoires, ſi l'equité de vos iugemens ne pro-
nonce en ſa faueur qu'il s'eſt acquis vn grand
auantage ſur ces vagabonds & Cingariſtes,ne-
gligeant vne choſe qui ne luy pouuoit tourner
qu'à blaſme & deshonneur.

4. Si toutesfois quelqu'vn des fauteurs de
cette Compagnie me vouloit obſtiner ce que
i'appelle Ciarlatanerie en ce Pelerin, eſtre vn
effect des plus merueilleux que promette ſa

Confession; ie respondrois succinctement que
le mesme se peut faire par la Geomance, au defaut de laquelle ie soustiendrois encor cette
seule merueille remarquee en vn seul & par
vne seule fois, n'estre capable de leur fournir
vne preuue fondee sur l'experience, laquelle
est definie par Galien, *eius quod sæpius & eodem* lib. de
modo visum est, obseruatio : si nous ne voulions sectis.
argumenter comme Anaxagore, lequel pour Laert.
auoir veu tomber vne pierre des nues inferoit in eius
que le Ciel estoit vne vieille masure toute plei- vita.
ne de cailloux & plastras : & qui plus est ie m'offre de monstrer par deux exemples qu'il s'est
rencontré des Ciarlatans & Cabalistes, lesquels
sans se renommer de la R. C. nous ont monstré des effects sans comparaison plus esmerueillables, que tous ces Freres illuminez ensemble n'en pourroient produire ou imaginer.
Le sieur de Busbeque Ambassadeur pour
l'Empereur à la Porte du grand Turc, homme
digne pour ses rares vertus d'authoriser son
tesmoignage, nous fait recit en ses Epistres
d'vn certain Torlaquis ou Religieux de Turquie, lequel apres auoir disné en son logis à
Constantinople, prit vn fer tout rouge qu'il
auoit faict mettre au feu à cet effect, & le tour-
na si long temps dans sa bouche, qu'il l'en retira tout froid & esteint, & fit en suitte plusieurs
autres tours assez esmerueillables ; apres les-

quels ayant receu quelques deniers par au-
mofne il fe retira fort modeftement, & auec
actions de grace. Ce que le fieur Guion nous
raconte a plus de conformité & paralelles auec
ce que les nouueaux Torlaquis d'Allemagne
nous promettent par leurs Manifefte & Confeffion : car il remarque en fes diuerfes Leçons
qu'vn Italien fut veu en France du temps de
Louys XII. nommé Iean, lequel fe difoit eftre
Mercure & fectateur d'Apollonius, & qu'il n'y
auoit perfonne qui le fecondaft en la fcience
des chofes fecrettes & occultes: il menoit auec
luy fa femme, enfans & feruiteurs, tous veftus
de toille, & garnis d'vne chaifne de fer à leur
col comme Tyanee : il fe vantoit enuers ledit
Roy de faire beaucoup de chofes eftranges, ce
qui l'occafionna de le faire interroger par fes
Medecins, aufquels il refpondit pertinemmét
de ce qui appartenoit à la Medecine : il donna
au Roy vne tres-belle efpee garnie de cent
quatre vingts petits coufteaux, & vn bouclier
où il y auoit vn miroir, auquel il difoit eftre vne
grande Energie: au refte apres auoir faict quelque fejour à Lyon on ne fçait où il alla, ne qu'il
deuint: Il eft à croire, & ie me le perfuade facilement, que c'eftoit quelque Frere de la R. C.
qui s'eftoit extrauagué de la troupe des autres
pendant qu'ils gardoient leur filence de fix
vingts ans: toutesfois ceux-là eftoient vierges,

& cettui-cy auoit femme & enfans. Et ie vous demandé, Meſſieurs, quelle eſtime feriez-vous en conſcience d'vn homme, lequel ſe diſant Frere de la R. C. vous auroit predict il y a dix ou douze ans quelque grand malheur talonner la France, parce que toutes les places qui ſont au Palais de Paris pour y poſer l'effigie de nos Roys, qu'aucuns penſent auoir eſté comme fatalement ainſi conſtruictes, ſont maintenant toutes remplies : vous iugeriez infailliblement par l'effect qui a ſuiui la prediction, que l'autheur d'icelle eſtoit veritablement vn de ces illuminez Freres qui ſe vantent de ſçauoir toutes choſes paſſees, preſentes & à venir; & croiriez fermement l'exiſtence de cette Compagnie. Or eſt-il que la Noüe homme guerrier & exempt de toute ſupeſtition, l'auoit predict il y a plus de vingt ans, dans le premier chapitre de ſes Diſcours politiques & militaires: Iugez donc ſi vous ne deuez pas auoir auſſi bonne eſtime de luy que de pas vn de ces Freres illuminez; & par meſme moyen combien l'ineptie de ceux qui les croyent eſt grande & remarquable.

Les diuerses coniectures & interpretations que plusieurs ont donné
à cette Compagnie.

CHAPITRE VIII

1. *Quel est le contente-*
ment que l'on reçoit de
la Philosophie.
2. *La diuision suit le*
mensonge.
3. *Diuerses coniectures*

que l'on faict de la Cõ-
pagnie des Freres il-
luminez.
4. *Celles de l'Autheur,*
desquelles la derniere
est la vraye.

1. COMBIEN que ie ne doute point
que plusieurs interpretations plus à
propos que la mienne, ne se puissent donner à
ce passage d'Aristote, *Qui velit delectari sine*
tristitia, ad Philosophiam recurrat: ie diray neantmoins qu'à mon iugement il a esté occasionné
de proferer ces paroles, & nous donner cet aduertissement, parce qu'il iugeoit aucune occu-
pation ne deuoir estre plus agreable aux hommes, que celle qui suiuant les traces de leur
ambition, ouure le chemin à vn chacun d'establir quelque opinion nouuelle, fondee sur la
pretendue possession de la verité, de laquelle il
soit recognu pour chef, & en qualité de tel ho-
noré de ceux lesquels *conscij propriæ ignorantiæ,*
homines

homines scientes admirantur: & ne me soucie de chercher autre preuue de mõ explication que le sage Epicure, qui apres auoir mesprisé ses douleurs nephritiques par le contentement qu'il receuoit de la multitude de ses auditeurs, recognoist ingenuëment n'estre redeuable de la iouyssance d'vn si grand bien, qu'à la seule Philosophie, laquelle est si fertile en sa diuersité, qu'apres auoir fourny de matiere à 280. sectes, lesquelles estoient toutes fondees & establies sur la seule communication de la beatitude & souuerain bien de l'homme, elle a encor persuadé à Seneque de nous asseurer que tant en cette question, qu'en toutes les autres qui ne sont pas moins côtrouersees, *Patet omnibus veritas, nondum est occupata, multum etiam ex illa futuris relictum est.* epist. 33. lib. 1.

2. Toutesfois apres auoir meurement consideré ce dire d'Aristote, ie trouue qu'il nous deuoit plustost aduertir de rechercher nostre contêtement en la profession que nous pourrions faire de ne suiure iamais ou embrasser la verité. Car si la diuersité des objects est l'vnique raison du plaisir que nous receuons iournellement, & la verité demeure tousiours vne & inuariable; il s'ensuit visiblement que les faussetez & opinions les plus erronees sont seules capables de nous satisfaire en nostre recherche, pour n'estre pas si tost nées & esclo-

K

ses, qu'elles se trouuent soudain emmaillotees de toutes sortes de langes, & comme les Suisses reuestuës & bilbarees de toutes les couleurs qu'il plaist à vn chacun de leur donner: & c'est ce que nous ont voulu enseigner les Philosophes par la verité de cet axiome, *Dato vno absurdo sequuntur infinita* : & les Mathematiciens quand ils nous asseurent que cessant l'vnité le nombre vient à l'infini , & qu'à l'entour d'vne ligne droicte l'on en peut tirer vn nombre sans fin de courbes & tortues. Les exemples en sont si ordinaires & frequents, que ie ne sçay si i'oserois entreprendre de vous en rapporter vne demie douzaine des plus remarquables. Simon le Magicien n'eut pas plustost ouuert la porte à l'heresie contre l'vnité de l'Eglise, que soudain la voila attaquee d'vne infinité de blasphemes refutez par S. Irenee, & combatus iusques au nombre de quatrevingts par S. Epiphane. Mahomet n'eut pas plustost publié son Alcoran, qu'en moins de cent ans vne telle diuersité d'opinions se glissa dans les escrits de ceux qui sans fin & sans nombre se mesloient de l'interpreter, qu'vn certain Alkalif, c'est à dire Roy des Maures, fut contraint de faire de tous ces Commentaires comme auoit faict autresfois Iustinian des Interpretes du Droict, & apres auoir reduit cette diuersité d'opinions à six principa-

Iean André chap. 2. de la cõfusi de la secte de Mahomet.

les, commãder que l'on abolift tous les autres
liures, qui furent fubmergez iufques à la char-
ge de deux cens chameaux: Nonobftant lequel reglement ils fe diuiferent encor en foi-
xante deux fectes, qui ont maintenant la vogue fous l'adueu de quatre maiftreffes & principales. Luther n'a pas fi toft declamé contre
les Indulgences, qu'vne nuee de ces fauterel-
les de l'Apocalypfe fait le degaft des moiffons
de noftre croyance, & ternit la lumiere efcla-
tante du foleil de la Religion, ce Moine défro-
qué creuant de defpit de voir fa propre fecte
diuifee en trente quatre opinions, celles des
Zuingliens en huict, & les Confeffioniftes en
trois, qui toutes le recognoiffoient pour la tor-
che & le flambeau qui auoit allumé toutes ces
diffentions. Voire mefme cette marque de di-
uifion eft fi effentielle au menfonge, que Para-
celfe, le Luther de la Medecine, a pluftoft efté
diuerfifié par Crollius, du Chefne, Hartman,
& vne infinité d'autres, que nous n'auons recognu par l'intelligence de fes œuures, les blaf-
phemes & abfurditez de fa nouuelle doctrine.
Et cette illuminee fraternité de la Roze-Croix
n'a pas fi toft ouuert le cadenas de fon filence
pour nous publier le Roman de fa Confeffion,
qu'à l'inftant mefme on luy a donné cinq ou
fix diuerfes faces, & autant d'interpretations
ridicules, que l'imagination de ceux qui en

ont voulu difcourir en a peu tracer fur le chãp
d'vne infinité de conjectures curieufement re-
cherchees dans la bourbe de leurs efcrits.

3. C'eft pourquoy, Meffieurs, apres auoir
efté confirmé par vne longue experience en la
verité du dire d'Epicharme, que le principal
nerf de fageffe eft de ne croire que fort modeftement & fous bons gages ; ie vous inuite de
prendre le plaifir auec moy de la folie de ceux
lefquels ayans receu ces illuminez Freres de la
R. C. pour eftre, comme ils fe vantent, la Bibliotheque de Ptolomee, l'Academie de Platon, la Gallerie de Zenon, la fource des beaux
efprits, le debit des fciences, le Lycee de toute
l'Allemagne, & pour conclure en vn mot, le
magafin des plus rares merueilles, & le prom-
ptuaire de toutes fortes de miracles ; fe font
imaginez leur Compagnie eftre femblable à
cette troupe endiablee de Magiciens, lefquels
eftans abordez en Efpagne par la conquefte
des Arabes, auoient eftabli leur Academie
dans les grottes & cauernes proche la ville de
Tolede, quand ils en furent chaffez par Ferdinand & fa femme Ifabelle, qui pour conioin-
dre le repos de leurs confciences à celuy de
leur Royaume, firent brufler, à l'imitation des
Apoftres & de Domitian, tous les liures trait-
tans de ces ineptes & groffieres fuperftitions:
Defquels apres auoir leu le catalogue dans

Tritheme, ie coniecturay incontinent que suiuant cette opinion le venerable Pere illuminé cap. 3.
lib. 1.
ant.ma.
premier autheur de la Congregation, auoit
puisé les secrets de sa doctrine dedans tous ces
liures, que Vulpian appelleroit *improbatæ le-
ctionis*, & deuoit estre principalement redeuable au Reuerend Pere endiablé Picatrix, qui
compila l'an 1256. quatre liures remplis de
toutes les inepties du monde, lesquelles, comme luy mesme confesse, il auoit recueillies de
deux cens vingt-quatre des plus fameux Magiciens de toute l'antiquité. Mais la verité de
cette coniecture & interpretation estant dif-
ficile à persuader à la trop grande incredulité
de quelques-vns qui estans accoustumez à telles fictions & narrations fabuleuses, *bustorum
formidamina, noctium occursacula, laruarum ter-
riculamĕta, nocturnos lemures, portentaq; Thessala
risu excipiunt* , & font trophee de publier
par tout que cette monnoye est de trop foible alloy pour auoir cours,

postquam nasuta Iuuentus,
Pectora crassorum male credula ridet auorum:
Ie me suis persuadé que l'opinion de ceux-là
estoit plus receuable qui ont estimé que c'e-
stoit vne Compagnie de gens doctes & curieux, lesquels desirans par la communication
qu'ils auoient ensemble paruenir à la cognoissance des secrets les plus cachez de la nature,

& cognoiſtre aſſeurément par le trauail de leurs eſtudes,

Horat.
lib.1.
epiſt.12

Quæ mare compeſcant cauſa, quid têperet annum,
Stella ſponte ſua, iuſſa ve vagentur & errent:
Quid premat obſcurum lunæ, quid proferat orbem,
Quid velit & poſſit rerum concordia diſcors:

nous ont pluſtoſt par leur Manifeſte & Confeſſion repreſenté le modele des choſes qu'ils deuoient rechercher, que non pas le catalogue de celles qui eſtoient en leur puiſſance, & leſquels ne ſe vouloient embarquer à la conqueſte de cette toiſon d'or qu'apres auoir authoriſé, comme d'autres Argonautes, le deſſein de leurs voyages du fauorable tiltre de quelque Compagnie ou Congregation : de meſme que l'on vit en Italie du temps de Paul II. quelques perſonnes ſtudieuſes changer leurs noms & donner commencement à certaines aſſemblees, leſquelles Callimaque & Platine, au recit de Paule Ioue, en leurs vies, recognurent par leur calamité n'eſtre agreables à ce ſouuerain Pontife: Et le meſme s'eſt pratiqué anciennement en Grece, & depuis peu en France par la Pleiade des Poetes, & eſt maintenant en grand' vogue par toute l'Italie, & principalemét la Toſcane, cóme nous recognoiſſons tous les iours par les nouueaux caprices de leurs Academies: laquelle opinion eſt authoriſee par le conſentement du Sieur

Adami Gentilhomme Allemand, auquel nous serons perpetuellement obligez pour les œuures de ce phœnix de tous les Philosophes & Politiques Thomas Campanella, ausquelles il sert tous les iours de sage femme, comme Socrate faisoit aux meilleurs esprits pour les faire sortir en lumiere; car en l'vne de ses Epistres manuscrites, de laquelle i'ay la copie, addressee au defunct Pere Baranzani, il parle expressément d'eux en ces termes : *Votum forte fuit hominum bonorum, qui communicationem in literis desiderabant.* Neantmoins si cette Compagnie estoit telle que porte cette conjecture, il faudroit dire qu'elle seroit semblable à cette Bergere de Virgile,

Quæ fugit ad salices, & se cupit ante videri: Ou auec plus de vraisemblance, que ne respirât rien autre chose que le bien, & instruction d'vne fourmiliere d'esprits qui perdent tous les iours leur temps à la recherche de ce qui leur est impossible de conduire à perfection,

Et bona dilapidant omnia pro lapide: elle les auroit voulu retirer de cette queste, les engageant à vne autre de bien plus grand merite & cõsequence, & par mesme moyen exercer nostre iugement à descouurir sans aucunes conjectures le lieu de leur demeure & inuisible Congregation. Pourmoy, i'auois autrefois estimé qu'elle estoit en ce pays qui est nõmé dans les Cartes & Mappe-mondes, *Terra Australis incognita:* mais apres auoir leu le liure d'vn certain Anglois intitulé, *Mundus alter & idem*, qui en a faict la description, & voyant qu'il ne faisoit aucune mention qu'ils eussent vn College establi en ce nouueau monde, ie coniecturay incontinent qu'ils auoient choisi l'agreable Tempe de Thessalie pour establir la tranquillité de leurs diuines contemplations au milieu de ces delicieuses merueilles de nature: ou que le Cherubin qui garde l'entree du Paradis terrestre leur auoit donné permissiõ d'y bastir le superbe palais de leur Societé, suiuant l'instruction que luy en auoit laissé Huon de Bordeaux, quand apres y auoir esté autrefois ietté par la tempeste il en auoit rapporté telle quantité de pierres precieuses, que cela me fait coniecturer leur demeure n'estre establie en vn autre endroit, puis qu'ils cõfessent eux mesmes que par leur chant, *vniones & gemmas ad se alliciunt.* I'estime aussi que l'opinion du Pere Robert, qui les prend pour quelques Anabaptistes, n'est pas plus receuable ou de meilleure mise que celle de ceux qui apres auoir long temps chimerisé sur l'impossibilité de leurs promesses, se persuadent en fin que c'est l'imagination de quelque Allemand, lequel nous a voulu crayonner en ces deux petits liurets l'idee d'vne Compagnie d'hom-

mes

mes doctes & accomplis en toutes sortes de
perfections, comme nous auons l'Orateur de
Ciceron, le Prince de Xenophon, l'Eucrasie
de Galien, la Republique de Platon, l'Euesí-
que de S. Paul, l'Vtopie de Maurus, le Courti-
san de Castalion, le Fauconnier de Phœbus, le
Nautonnier de Pierre de Medine, le Veneur
de Fouilhous, & de fraische memoire la Cité
du Soleil de Campanella, tous lesquels Liures
tracez par le desir que leurs Autheurs auoient
d'enseigner le souuerain degré de perfection,
qui deuoit estre en butte au desir & volonté
qu'vn chacun a d'exceller en sa vacation, *Cona-* Lib. 3.
ti quidem sunt, comme dit Lactance, *facere* de falsa
quod veritas exigebat; sed non potuit vltra verba sapien-
procedi. tia.

4. Que si i'auois entrepris de vous representer toutes les autres interpretations que plusieurs, selon la diuersité de leur iugement, ont
donné à cette Chimere, ie craindrois, à bon
droict, que negligeant de vous declarer les
miennes, ie ne fusse accusé de mesme defaut
que Tertulian a remarqué en Aristote, lequel
selon le iugement qu'il en donne, est plus Lib. de
prompt *alia damnare aut inanire; quàm sua re-* Anima
plere: c'est pourquoy tout le but de mon inten- cap. 5.
tion en ce Liure n'ayant iamais esté autre que
de vous persuader à suiure l'aduertissement de
Seneque, *transcurramus solertißimas nugas, &* Ep. 117.
lib. 1.

ad illa quæ nobis aliquam opem sunt latura properemus ; ie vous demande pardon si pour satisfaire à voftre curiofité ie vous donne encor vne couple de ces coniectures, & en fuitte d'icelles l'explication & premiere fource de toutes ces fauffetez, à laquelle ie defire que vous adiouftiez autant de foy, comme elle contient en foy de verité & eft efloignee du menfonge. Ie croy doncques, & me perfuade que vous me l'accorderez pareillement, que l'on doit coucher en mefme degré de folie, & tirer femblables paralelles entre les extrauagances de l'Autheur de ces deux petits liurets, & ce melancholique & hypochondriaque de l'an 1612. qui fut fi furpris & dominé de folie, qu'il s'eftoit acquis par la lecture des Romans & quelques pretenduës reuelations, que d'adreffer vne requefte au Roy, laquelle fut trouuee dans la grande falle du Louure par vn de mes amis, qui fortant de la Predication la ramaffa de deffous les pieds, & lequel m'a permis d'en extraire ce paffage, pour vous faire iuger du refte de la piece, & par mefme moyen de quelle trempe eftoient les imaginations de fon Autheur. *SIRE, vous fupplient humblement & à mains ioinctes, cent Caualliers du pays de voftre France, qui par l'infpiration diuine, & pour accomplir fes volontez & les propheties, fe font deliberez mettre aux champs, portant le nom de Iefus*

ſur leurs armes & manteaux, quittans & aban-
donnans leurs maiſons, femmes, familles, & tous
biens, pour aller és terres neufues nouuellement deſ-
couuertes, Iſles de l'Occident, pays & contrees des
Barbares & Tartares, pour y planter la Foy de
Ieſus-Chriſt, contraindre les habitans de la pren-
dre, & y faire edifier Temples ſous ſon nom & de
la ſacree Vierge ſa mere, promettans & iurans de-
uant le grand Dieu tout-puiſſant (& vous Sire) y
faire tant de ſi grands faicts d'armes auec leurs
amis & alliez, que auec l'ayde de Dieu ils vous en
rendront Seigneur, y planteront la foy Catholique
Apoſtolique & Romaine, & pluſieurs Temples où
vos armes ſeront, vous rendans leſdits pays tribu-
taires. Il y auoit auſſi dans le meſme pacquet
vne lettre par laquelle il promettoit de preſenter à ſa Majeſté lors qu'elle auroit atteint l'âge
de 25. ans, vne eſpee qui eſtoit cachee dans
quelque Monaſtere, par le moyen de laquelle
elle deuoit à quarante huict ans conqueſter
tous les pays d'Orient, & exterminer entierement l'Empire des Turcs & famille des Ottho-
mans : ce qui me faict croire que ce pauure
melancholique auoit leu ce que remarque
Paule Ioue du glaiue de Scanderbech, ou l'hiſtoire de l'eſpee de Ieanne la Pucelle, de laquelle *Valerandus Varanius* au ſecond liure
qu'il a compoſé de ſa vie, teſmoigne les merueilles par ces quatre vers,

Illicet afferri quem prodidit Angelus enfem,
Virgo iubet, lateriq; addit, tum Carolus alta
Lilia mente notat, portendi talia vanis
Non ratus Augurijs, mentem nec opinio lufit.

Ce qui donnoit courage à la debilité de fon cerueau d'efperer que quelque vieil loup, cimeterre, ou branc d'acier, prefenté par luy à fa Majefté, feroit plus d'execution fur les Turcs & Infideles, que ne firét iamais entre les Palatins & Cheualiers de la Table-ronde, Flamberge, Courtine, Durandal, & toutes les autres defquelles parle le Pere Garaffe, *in facris Rhemenfibus*, au tiltre *De enfe regio*, ou que ce fixain de M. Moreau Docteur en Medecine, en fon Triomphe Royal de Henry le Grand, luy pouuoit eftre plus à propos adapté qu'à pas vne d'icelle,

Ces lames de Damas, ces coutelas chantez,
Ce branc que nos guerriers portoient à leurs coftez,
Sous des tiltres pompeux bruyent dedans l'hiftoire,
Mais Ioyeufe, Corto, Flamberge, Dordonnois,
Rompié, Durandal, & Courtin le Danois
Cedent à fon taillant, & bien plus à fa gloire.

Tout le refte de cette requefte eft fi groffierement tiffu, & auec tant d'extrauagances, que ce feroit faire tort à voftre iugement que luy en vouloir reprefenter & faire cognoiftre les inepties, il vaut mieux vous monftrer en peu de mots comme l'on ne manqueroit pas d'inz dices & cõjectures si l'on vouloit dire que cette fraternité est vn stratageme des Iuifs & Cabalistes Hebrieux, *in quorum Philosophia*, dit Pic de la Mirandole, *omnia sunt velut quodam numine sacra, & in maiestate veritatis abdita, ceu prodigia quædam & arcana mysteria.* Ce qui se rapporte & conuient si à propos aux escrits cabalistiques & mysterieux d'vn Conrard, Crollius, Hartman, & tous ceux qui suiuent les traces de cette Societé, que ie suis contraint de confesser ou que les Iuifs & eux participent en vne mesme doctrine, ou qu'ils ne valent pas mieux les vns que les autres, & sont du tout à negliger. Mais pour en parler plus precisement, & les determiner à quelqu'vnes des sectes qui ont maintenant vogue entre les Hebrieux, il faut remarquer, *triplici calle Hebræorum doctrinam incedere, quippe aut ad Thalmudicos recurrunt, aut ad Philosophos, aut ad Cabalistas*, & que les Philosophes sont ceux lesquels estans redeuables de leur commencement à vn Moyse Egyptien qui florissoit enuiron l'an 1300. du temps d'Auerroes, & soixante & treize ans auparauant l'Autheur de l'illuminee Fraternité, s'addonnent du tout à la contemplation & à la plus haute vie, rapportent le sens de toute l'Escriture saincte à l'Archetype, & y ont interpreté toutes les choses de cet Vniuers, ou par les nombres, ou

par la raison symbolisee, ou par le sens anago-
gique & correspondant; & lesquelles des
deux parties de la Cabale *Beresith & Mercaua*
ont choisy la premiere, laquelle, selon Reuclin,
est sapientia naturæ, comme celle de *Mercaua*
sapientia diuinitatis, & interpretee par icelle la
vraye Physique & Philosophie naturelle sous
des enigmes & allegories si cachees, qu'ils nous
dónent sujet auec quelques autres consideration-
tions de faire symboliser auec eux la myste-
rieuse doctrine de ces Thaumatheurgiques
Freres de la Roze-Croix, l'obscurité desquels
estant destinee au Chapitre suiuant, il nous
faut examiner quelle est la base & le fondement de toute leur doctrine, & comme ils di-
uisent toute l'antiquité en deux sectes & fa-
ctions principales, la premiere desquelles qui
est fondee sur la Magie, Cabale & Philosophie Hermetique, ils disent estre la plus ancienne, establie autrefois en Chaldee & Egypte, & maintenant en Allemagne par Paracelse : l'autre plus ieune & recente est la
Peripatetique, Arabe, & Galenique, qui
comprend Pline, Dioscoride, Auicenne, Me-
sué, & tous les meilleurs Autheurs, *quos in*
tergum suum reÿcit Paracelsus, & de laquelle
Crolius entend parler quand il escrit en sa Preface, *à Gentili Philosophia omnem errorem pro-*
manasse, quod duplex creaturarum corpus, visibile

scilicet elementatum , & astrale inuisibile incogni-
tum præterierit. Aussi n'auoit elle pas cet aduan-
tage que de participer *lumen naturæ ex magno*
& paruo mundo , & lumen gratiæ ex reuelatione
occulta , & elle s'est plustost amusee à fueilleter
les escrits d'Aristote & Platon , pour establir
petit à petit l'histoire de la nature , telle que
nous l'auons auiourd'huy, que non pas à chercher les mysteres cachez dans la sapience d'A-
dam, Moyse, & Salomon ; ou parce que les
anciés Payens & Infideles , & croyans Moyse
pour vn imposteur, ne pouuoiét où la rechercher , estant destituee de ce principe ; ou bien
parce que Albert le Grand, SS. Thomas, Bo-
nauenture , Occham , & vne infinité d'autres
Docteurs Catholiques qui l'ont suiuie, iu-
geoient que toutes ces mysterieuses interpretations estoient plus capables de nous porter
dans les superstitiós du Iudaisme , que non pas
de nous dôner aucune certaine cognoissance
de la nature, laquelle ces illuminez Côradistes
nous representét auec vne telle abstraction de
ce qui y est de plus reel & manifeste,qu'ils meritent d'estre bânis des promenoirs d'Aristote,
comme fols , insensez , & superstitieux qu'ils
sont, pour aller vendre leurs liures & images
parmy les femmelettes & enfans, ausquels
aussi ils peuuent bien persuader leurs fables,
mensonges,& vieux côtes de leur Societé,s'ils
veulent auoir quelques fauteurs ou adherens;

car pour vous autres ie croy que vous reco-
gnoistrez maintenant auec les mieux sensez,
qu'il est de cette fictiõ *sicut in theatris fieri solet,*
vbi vnus plures effingit personas quarum ipse nulla
est, & que ce sont les fruicts de l'inuention de
quelque Allemand, lequel voyant auec quelle
promptitude toutes sortes d'opinions estoient
receues en Allemagne, s'est facilement persuadé que pourueu qu'il eust la hardiesse de faire
monter cette Chimere sur le Theatre de l'Europe, le desir que l'on a des nouueautez, &
l'imbecillité d'vne multitude de cerueaux lu-
natiques, luy fourniroient assez de spectateurs
pour approuuer son inuétion, laquelle n'està̃t
qu'vne pure risee & inuention de quelque esprit gaillard & facetieux, & Celse nous aduer-
tissant *leuiorem esse morbum cum risu quàm serio*
insanientium, il n'en faut faire non plus d'estime que de nos vieux Romans & Amadis de
Gaule, lesquels toutesfois augmentent de
iour en iour leur credit enuers nous, au lieu
que cette fable commence de s'abastardir au
pays mesme de sa naissance, & comme dit le
sieur Adami en sa derniere lettre au Pere Baranzani, dattee du 15. Octobre 1622. *fabula illa*
iam fere peracta est. C'est le temps, lequel estant
la coupelle de tous ces mensonges, les fait en-
uoler en fumee, & confirmera ainsi que i'espo-
se mon opinion.

Les

Les abſurditez & impertinences qui ſe
rencontrent és articles de cette Compagnie, & en l'Amphitheatre deCon-
rard, auec l'explication d'iceluy.

CHAPITRE IX.

<table>
<tr><td>

1. *Erreurs du Manifeſte & de la Confeßion, & par qui refutees.*

2. *Remarques ſur quelqu'vnes d'icelles.*

3. *Obſcurité vice fort frequent és eſcrits de cette Compagnie, & à*

</td><td>

Conrard en ſon Amphitheatre.

4. *La vraye interpretation de ſon liure.*

5. *Quel eſtoit ſon deſſein en iceluy, & pourquoy il eſt ſi obſcur & difficile à entendre.*

</td></tr>
</table>

1. **S**'I L eſt vray que ſur vn ſujet ſi perfectionné & accompli aux yeux de la
plus-part des hommes, comme eſt la femme,
l'on ait peu remarquer cent deux imperfectiõs,
leſquelles outre les vices qu'elle participe com-
munément auec vn chacun de nous, luy ſont
tellement particulieres, que fort rarement elle
s'en trouue deſlaiſie, comme a curieuſement
remarqué vn certain *Aluarus Pelagius* au liure
qu'il a mis en lumiere *De planctu Eccleſiæ* ; ie ne
doute point que ſi l'on ſe vouloit donner la
peine d'examiner diligetment le Manifeſte &

lib. 2.
cap. 45.

M

la Confeſſion, qui ſont les deux liures ſeuls qui nous ont apporté les premieres nouuelles de cette illuminee Congregation, il ne fuſt tresfacile de remarquer en iceux, non vne centaine, mais vne milliace, ou pluſtoſt vne myriade de reſueries, menſonges, impoſſibilitez, contradictions, & autres erreurs de non moindre conſequence. Le Pere Robert Ieſuite en a esbauché quelque nombre en la ſection 17. de ſon *Goclenius Heautontimorumenos:* & Libauius en ſon traicté *De philoſophia harmonica magica fratrum de Roſea cruce*, en a remarqué vne telle quantité, qu'il faut confeſſer qu'il n'a rien laiſſé à glaner à ceux qui voudroient en eſcrire apres luy, s'ils ne vouloient comme la Corneille d'Eſope, couurir leur nudité des plumes deſrobees çà & là, cacher leur ignorance ſous la doctrine d'autruy, & eſtablir le faux luſtre de leur credit & reputation ſur les veilles & labeurs de ceux qui ne laiſſans rouiller & moiſir les inſtrumens que la nature leur a dõnez pour iuger de tout ce qui leur eſt inferieur, & examiner la verité de toutes choſes, ont pluſtoſt choiſi de s'immortaliſer en les exerçant, que d'augmenter le nombre d'vn tas de broüillons d'eſcriuaïns, qui ne ſeruent que de ſcribes & interpretes à l'opinion des autres.

2. C'eſt pourquoy ne voulant eſtre iugé plagiaire en vne matiere ſi fertile de nouuelles cõ

ceptions, & le nombre infini des inepties qui
fe rencontrent en cette Societé, m'aduertiſſant
de vous dire auec Seneque, *Video non futurum* Epiſt.
finem in iſta materia vllum, niſi quem mihi ipſe fe- 87. lib.
cero. Il me ſuffit de vous en remarquer quel- 13.
qu'vnes, leſquelles combien qu'elles ayent eſ-
chappé à la diligence des precedens, elles ne
ſont pourtant de moindre conſequence, que
celles qu'ils nous ont remarquees, & nous font
plus appertement recognoiſtre la beſtiſe de
celuy qui a baſti & plaſtré ſi groſſierement ce
fabuleux Roman de la R. C. puiſque n'ayant
l'induſtrie de leur trouuer quelque nouueau
tiltre ou epithete, il a eſté contraint de deſrober celuy *d'Illuminé* à Raymond Lulle, lequel
en conſideration de ſa nouuelle Philoſophie,
des ſix millions d'or donnez par luy à vn Roy
d'Angleterre pour faire la guerre contre le
Turc, & des trois voyages qu'il auoit faict à
Rome pour conſeiller au Pape d'abolir & exterminer toutes les œuures d'Auerroes, fut
ſurnommé *Radius mundi*, & *vir illuminatus*,
pour faire remarquer ſon excellence & capacité par deſſus celle des autres Docteurs de ſon
temps, qui ſe tenoient bien-heureux d'eſtre
ſignalez par vn ſeul tiltre, comme a remarqué
en plus d'vne trentaine de Medecins Simpho-
rien Champier en ſes Opuſcules, & vne infinité d'autres que ie paſſe ſous ſilence, pour ne

groſſir ce chapitre de la ſimplicité des Iuriſcō-
ſultes & Theologiens. Son ignorance n'a pas
auſſi moins eſté recognue en ce qu'il les aſſu-
jettit à cette fable des quatre Monarchies refutee & conuaincuë de faux par Bodin en ſa
Methode chap.6. & Duret chap.2. des cauſes
des changemens & decadences qui aduien-
nent aux Royaumes, qu'en ce qu'il fait le premier Frere illuminé qui floriſſoit l'an 1390. fort
verſé és langues Grecques & Latines, ne con-
ſiderant pas que l'Allemagne en ce temps là
eſtoit ſi barbare & tellemét deſpourueuë de la
cognoiſſance de ces langues, & principalemét
de la Grecque, qu'outre les etymologies ineptes & ridicules d'Albert le Grand, cet Epitaphe dreſſé à vn des plus doctes & grands Clercs
de ce temps là en rend vn ſignalé & ſuffiſant
teſmoignage,

> *Hic iacet Magiſter noſter,*
> *Qui diſputauit bis aut ter*
> *In barbara & celarent,*
> *Ita vt omnes admirarent,*
> *In ſapeſmo & friſeſomorum,*
> *Orate pro animas eorum.*

Ce que ie n'euſſe pas voulu aduancer, ſi ie ne
l'euſſe veu confirmé par Duret en ſon Threſor
des langues, lequel remarque que l'Italie, la
France, & l'Allemagne n'auoient peu ou point
de cognoiſſance de la langue Grecque, iuſques

à ce qu'apres la prife de Conftantinople l'an 1452. l'Italie la receut premierement par le moyen d'Emanuel Chryfoloras, la France par l'induftrie d'vn Gregoire Typherne, & l'Allemagne de Iean Capnion dict Reuclin, lequel eftoit refpecté de fon temps comme vn autre Ennius,

Qui cor & linguas, res mira, tres habuit.

Mais ce plaifant fallot d'Allemand n'a-il pas encor bonne grace quand il nous fait mention d'vne ville nommee Damcar en Arabie? pour nous donner occafion de mefprifer *Hondfius, Mercator, Ortelius, Maginus, Bertius,* & tous les autres Cofmographes, lefquels ont efté fi negligens que de n'en faire aucune mention en leurs tres-doctes & elabourez Commentaires. Cette niaiferie & fiction fi manifefte me donne occafion de conjecturer que l'Autheur de cette Chimere la voulut compofer pour la rendre plus efmerueillable, de tout ce qui eftoit le plus eftrange & ridicule en toutes fes narrations fabuleufes, qui par le moyen de femblables Secretaires ont triophé de l'oubli pour paruenir à noftre cognoiffance. C'eft pourquoy il a faict voyager fon Frere illuminé comme vn autre Apollonius, l'a rendu Hermite comme vn Pelagius, a enrichi fon fepulchre des lampes ardentes de Tullia & d'Olibius, des liures de Numa, des clochettes que Paracelse estime auoir vne grande vertu en Magie, & du Microcosme d'Archimedes, me persuadant que si ce n'eust esté peur d'estre soupçonné d'vne imitation trop manifeste, il y eust aussi tost renfermé l'Androgine d'Albert le Grand, duquel parle Tostat, ou les testes de cuiure, lesquelles, suiuant les narrations de Mayer *in volucri arborea*, Paracelse, Campegius, & quelques autres superstitieux credules & melancholiques, Virgile, Baccon, Linconiensis, & Guillaume de Paris, auoient forgez sous certaines Constellations pour en tirer des Oracles & responses en toutes leurs affaires & plus importantes necessitez: Ce qu'il pouuoit faire aussi asseurément, que par vne effronterie manifeste il a attribué à ces Europeens & illuminez vne cognoissance des langues si vniuerselle, que Postel qui en sçauoit quinze, le Iuif de Theuet qui en parloit vingt-huict, Scaliger qui n'en ignoroit pas vne, & S. Paul qui disoit en sa premiere aux Corinthiens, *Gratias ago Deo meo quod omnium vestrum linguis loquor*, n'estant rien en comparaison, ie ne voy pas qui ie pourrois prendre pour les contrequarrer, que ces Anges ou habitans du septiesme Ciel de Mahomet, *quorum quisque habebat septingenta millia capitum, & in quolibet capite septingenta millia ora, & in quolibet ore mille septingentas linguas*

liu. 3. de sa Cosmographie, ch. 6.

Ricoldus c. 14. confut. Alcor.

laudâtes Deum septingentis millibus idiomatibus:
si ie n'aimois mieux donner pour toute response & satisfaction à ces impertinences &
resueries manifestes ce que Selestadius a dict
autrefois des Espagnols,

Si quantum linguæ, tantumdem cordis haberent,
Non foret æthereà tutus in arce Deus.

3. Ce seroit grossir cette Instruction à credit, & abuser de la patience de ses Lecteurs,
que de vouloir poursuiure & examiner toutes
les absurditez qui se rencontrent amoncelees
sur chacun de leurs articles: les tromperies des
Magiciens, Chymistes, Astrologues, & Ciarlatans sont tellement descriees & combatues,
qu'apres vous en auoir remarqué quelqu'vnes
pour vous seruir de Phare à la descouuerte des
autres, ie croiray auoir satisfaict à mon deuoir
si i'en examine encor vne plus familiere que
toutes les precedêtes à cette fraternité, & beaucoup dauantage és escrits de ceux qui participent ses vices aussi bien que ses maximes,

Qui viret in foliis venit à radicibus humor.

Et ce n'est point de merueille, puis qu'ils font
profession de tirer leur Philosophie de l'ancienne Theologie des Egyptiens, Moyse &
Salomon, qu'ils retiennent, mais tant ils ont
l'esprit subtil & aigu, surpassent par la difficulté
de leur style entrelassé de Mœandres & laby-
sinthes de confusion, les Hieroglyphiques &

Bapt.
Man-
tuan.

Sphinx des Egyptiens, ou la Ghematrie, Nota-
riacon, & tous les chiffres des Hebrieux. Et ſi
Socrate a dit autrefois que les eſcrits d'vn Heraclite Epheſien *Delio natatore indigebant*, que
diroit il maintenant s'il voyoit vn liure intitulé, *F. R. C. fama eſcanzia redux , buccina Iubilæi
vltimi, Eoæ hyperbolæ prænuncia, Montiũ Europæ
cacumina ſuo clangore feriens , inter colles & con-
ualles Arabæ reſonans*. Pour moy, ie me perſua-
de qu'il approuueroit ce diſtique que l'Au-
théur a mis ſur la fin du Galimatias de ſes Chimeres,

   Quiſquis de Roſea dubitas Crucis ordine fratrum,
     Hoc lege , perlecto carmine certus eris:
parce que ſon diſcours & tout le tiſſu d'iceluy
eſtant cent fois plus obſcur & embroüillé que
le procés des deux Cliens de Rabelais , il eſt à
croire que la narration en eſt auſſi veritable
que du plaidoyé de ces deux parties, puis qu'elle ne peut eſtre deſcouuerte & expliquee que
par le Coc-à-l'aſne de quelque Pantagrueliſte
frere ou fauteur de la R. C. Mais s'il venoit à
conſiderer cet autre deſſous l'eſcorce duquel
les foibles eſprits de ce temps , *& quibus ſerpe-
raſtris opus eſſet, neuari aut compernes fierent*, eſtiment (comme Craſſus dedans la loy des dou-
ze Tables) toutes les ſciences eſtre myſterieu-
ſement compriſes , portant pour eſchantillon
de ces niaiſeries ce tiltre ſpecieux , & propre
                         ſeulement

Viues
lib. 1.
de cauſ.
corrup.
Artiu.

chap. 11.
liu. 2.

seulemēt à angluer quelques butords, *Amphi-theatrum sapientiæ æternæ solius veræ, Christiano-Cabalisticum, diuino-Magicum, necnon Physico-chimicum, tertrianum Catholicum, instructore Henrico Cunrath, &c.* Ie croy certainement qu'il s'escriroit auec S. Hierome, *Obsecro? quæ sunt hæc portenta verborum*, ou qu'il luy adapteroit ce passage de Virgile au 6. de l'Eneide,

Cumea Sibylla,

Horrendas canit ambages, antroქ remugit
Obscuris falsa inuoluens.

Ce qui me faict iuger que si pour donner quelque trefue & relasche à sa sagesse & prudente conduitte, il venoit apres l'ouuerture de ce Liure à rencontrer ces mots repetez, entre-couppez, & capables de faire grincer les dents à quelque demoniaque, *Hallelu-iah, Hallelu-iah, Hallelu-iah, Phy Diabolo*, & qu'il recogneust par vne lecture superficielle, comme tout ce gros volume est remply de

Kyrieleysonis, introitibus, ac Aleluis: Il ne pouuoit moins faire que d'approuuer l'inscription qu'il a mis à vne des colomnes de son frontispice, *è millibus vix vni*, voire mesme qu'il est impossible à aucune personne de rien comprendre en cette pansermie, ie voulois dire pan-sophie, tirée & extraitte de la Medecine, Chimie, Histoire, Magie, & saincte Escriture, non moins dangereuse pour vne si

grande confusion, que ce monstre descrit par
les Poëtes,

Prima leo, postrema draco, media ipsa chimera:

In arte ou veritablement plus ridicule que celuy du-
Poetica quel parle Horace,

Desinat in piscem mulier formosa superne.

Car il faut confesser que ces dix ou douze figures qui font le portique & entree de ce
Temple si superbe, eu esgard à la vilité de
quelque Rat qui est adoré dedans, estans releuees d'vne si grande diuersité de personna-
ges,

Vt nec peristromata æque picta sint campanica,

Neque Alexandrina belluata consuta tapetia;

& que les grotesques, guillochis, entrelas,
fueillages, moresques, ou, pour parler d'icelles
selon leur merite, canes bastees, oysons bridez,
cerfs volans, boucs sautans, satyres, marmots,
& semblables peintures de galleries, ne font
rien en comparaison; donnent vne grande en-
uie à ceux qui les contemplent de sçauoir &
cognoistre

Quid dignum tanto ferat hic promissor hiatu.

Et de faict apres l'auoir bien consideré ils trouuent que c'est vn Protee, lequel

Virg. 4.   *Omnia transformat sese in miracula rerum;*
Geor.   *Ignemq́, horribilemq́, feram, fluuiumq́, liquen-*
tem:

Et finalement, comme vn poisson, se glisse &

eſchappe d'entre leurs mains, ſans leur laiſſer autre choſe que le regret d'auoir eſté ſemblables à ces poiſſons de la mer de Sicile, leſquels fuyans les peſcheurs qui parlent Italien, ſe laiſſent prendre à ceux qui vſent du Grec, ou de quelque autre langage à eux incognu; pour moy ie diray librement, auec Clement Alexandrin, parlant des ſacrifices occultes des Anciens, *nam niſi meretricia continerent, cur non manifeſtarentur?* veu principalement que ſelon le dire de Seneque, *aperta decent & ſimplicia veritatem,* & que ſuiuant le meſme, *non ſunt dÿ faſtidioſi, non inuidi, admittunt & aſcendentibus manum porrigunt,* qui eſt tout le contraire de ce qu'a pratiqué en ſon Amphitheatre ce Confeſſioniſte & nouueau docteur de l'incarnation, le ſens duquel eſt ſi caché, & ce qu'il veut dire ſi difficille à comprendre, que le langage de Carmenta, les Meandres de Lycophron, les liures de Numa, l'Epitaphe d'*Ælia Lælia,* la Thoiſon d'or des Chymiſtes, la Steganographie de Tritheme, & tous ces liures des Egyptiens qu'Apulee appelle *litteris ignorabilibus prænotatos, nodoſiſque & in modum rotæ tortuoſis, capreolatimꝗ condenſis apicibus, à curioſitate profanorum munitos,* pourroient ſeruir de brillante lumiere à l'obſcurité de ces tenebres; ou il faut qu'il me confeſſe que luy, qui pour auoir, non pas quatre faces comme vn Ianus,

Thomas Fazel en ſa deſcription de la Sicile.

Ep. 50. lib. 6. & 74. lib. 10.

Lib. 11. Metamorph.

Crinit.
lib 4. c.
10. de
hon.
difcipl.
Zenoc.
in eius
vita.

non pas cinq comme vn Manaſſes Roy des
Hebrieux, mais pluſtoſt ſept, comme cette
peinture de Michael Ange, que l'Empereur
Charles quint auoit ſeule dans ſon cabinet, ſe
vante de pouuoir donner neuf diuerſes expli-
cations à la S. Eſcriture, & ſept à la nature,
pour faire honte à Ariſtote & tous les autres
Philoſophes, qui ont eſté bien empeſchez de
luy en trouuer vne vraye; il faut, dis-je, qu'il
me confeſſe qu'il n'a que l'eſcorce & ſens lite-
ral: ce que s'il aduouë le voyla ſoudain precipité iuſqu'au deſſous de l'opinion d'vn chacun,
par la puerilité de ſes ſept degrez ou principes,
leſquels ne ſont capables d'entrer en paralelle
auec les Atomes d'Epicure, les nombres de
Pythagore, Tritheme & Pic de la Mirande, les
Idees de Platon, les Rayons de Linconienſis,
le ſel, ſoulphre, ou mercure des Chymiſtes, la
Cabale de Reuchlin, le froid & le chaud de
Teleſius, la lumiere, chaleur & eſpace de Patrice, la chaleur, froidure & eſpace de Campanella, ou les inſtances de l'Heros d'Angleterre & Baron de Verulamio, qui ſont tous les
principes ſur leſquels tous ces grands Philoſophes

Palin-
genius.

Cæleſtes animæ, humano in corpore diui,
ont baſty chacun diuerſement leur Philoſophie, auſſi bien qu'Ariſtote la ſienne ſur la matiere, forme, & priuation. Que s'il me ren-

uoye à son sens mystique & caché, ie luy
diray, pour ne toucher si souuent vne mesme
corde, ce que disoit Accurse, se mocquant, en
la loy *quinque finium regundorum, C. Magister
Petrus Abelardus qui se iactabat posse ex qualibet
guãtumcumque difficili litera trahere intellectum;
hic dicit, nescio.*

4. Toutefois le trauail que quelques fols &
melancholiques prennent tous les iours à sou-
dre ces enigmes, & à rechercher l'explication
des difficultez de son Liure, me faict soupçonner que ce n'est point en vain qu'ils y em-
ployent le meilleur de leurs estudes, & qu'ils
esperent reporter les fruicts de la descouuerte
& conqueste de quelque grand thresor, pour
couronner la peine & le merite de leur recherche. C'est pourquoy quelques vns se sont imaginez que toute l'Encyclopedie estoit cachee
comme vne belle eau coulante sous la glace
de ces difficultez, & que tout le secret & inuention pour puiser de cette source, estoit de
rompre les glaçons de dessus, c'est à dire auoir
l'intelligence de ses figures, l'explication desquelles ne nous estoit pas si tost donnee par
vne tradition & cabale fort facille à comprendre,
dre, que soudain nostre intellect estoit esclairé
de la lumiere de toutes les sciences, & comme
vn autre Aponensis rendu capable en vn in-
stant de tout ce qu'il pouuoit desirer d'a-

N iij

uoir la cognoiſſance. Laquelle opinion, ſi de
plus ſerieuſes eſtudes ne me preſſoient de paſ-
ſer ſous ſilence beaucoup de choſes belles &
remarquables, meriteroit d'eſtre refutee parvn
plus long diſcours que cet epigrame, laquelle
i'ay choiſie pour me ſembler capable de miner
ſes fondemens, en attendant que le temps qui
nous les fera paroiſtre auſſi ignorans que de
couſtume, acheue de la ruiner totalement:

Et cœli & legum triduo vis eſſe peritus,
  Conatum toto riſimus hunc triduo:
Cuncta rudimentis ſcito conſtare, nec vllum
  Sat doctum fieri poſſe repente virum.

Ceux-là me ſemblent auoir plus de raiſon qui
coniecturent & eſtiment pour tout certain
que le ſecret de la poudre de projection &
grand œuure des Philoſophes eſt caché & contenu en iceluy. Pour leſquels ſoulager & deſtourner quant & quant d'vne ſi penible recherche, ie leur veux declarer l'explication de
ce Labyrinthe chymique, que les plus grands
Cabaliſtes d'entre eux ſeront peut-eſtre bien
ayſes d'apprēdre de l'Autheur de l'Harmonie
chymique, lequel en la traduction Françoiſe
qu'il en a faicte, augmentee de tres-doctes
Annotations, & non encores imprimees, a inſeré en l'vne d'icelles ces paroles: *Si quelqu'vn*
deſire remporter du fruict de l'Amphitheatre de
Kunrad Lipſe, liſe les neuf chapitres iſagogiques: en

premier lieu, l'Epilogue, & les sept degrez, auec l'ex-
position, à quoy il adaptera les figures, la premiere
desquelles monstre les trauaux pour auoir la matiere; la seconde la proprieté d'icelle, & sa nature; la
troisiesme les vrayes operations comprises dans sept
bastions, & les fausses à l'entour; la quatriesme les
effects durant lesdites operations; la cinquiesme les
trauerses & patiences durant le trauail; la sixiesme,
que ie mettrois la premiere, la preparatiou de soy &
de toutes choses; les sept, huict, & neufiesme sont meditations; & la dixiesme monstre que le seul docte
& vray Artiste entend le contenu audit Liure : lesquelles dernieres paroles deuroient seruir
d'instruction aux Conradistes de ne plus perdre leur temps à l'intelligence de cet Autheur,
qui est du tout inutile & à negliger, puis qu'il
ne peut estre expliqué ou entendu des nouueaux Proselites; & que ceux qui sont vraye-
ment les maistres, & paruenus iusques au souuerain degré d'ela cognoissance du *nigrum ni-*
grius nigro, ne peuuent apprendre autre chose
en iceluy que ce qu'ils se sont desia persuadez
de sçauoir.

5. Toutesfois apres auoir bien consideré son
liure, ie me suis apperceu que nous auions tort
de nous plaindre, & que son intention n'auoit
iamais esté autre que de satisfaire aux esprits
les plus imbecilles d'vne populace, les entrete-
nant au soupçon de quelque merueille cachee

dans cet Amphitheatre par la majesté de ce
glorieux Hibou, lequel ils estiment y auoir esté
mis comme quelque masse d'Hercule, ou
bien comme la truye que l'on mettoit anciennement sur la porte des Temples pour en
estranger les Iuifs : & par mesme moyen donner à cognoistre aux plus clair-voyans par le
mauuais presage de cet oyseau malencôtreux,
& descrié comme tel par Ouide,

Ignauus bubo dirum mortalibus omen,
qu'ils ne se deuoient arrester à l'explication de
ces Enigmes, pour n'en pouuoir rapporter aucun fruict; mais plustost qu'ils en deuoient faire le mesme iugement que Raymond Lulle
auoit autrefois prononcé de tous les liures in-
triquez & couuerts de semblables difficultez,
Scriptura quæ vsui nequit intelligi, pro non scripta
censeatur. Si toutesfois quelqu'vn n'aimoit
mieux dire pour la defence d'vn ouurage si ca-
balistique & mysterieux, que tout ainsi que les
Dieux dans Homere ont vn certain langage
bien plus releué que celuy des hommes, qui
leur est familier quand ils s'entrecommu-
niquent, ou que les blesches, gueux & Bohe-
miens ont leur iargon particulier, duquel Vigenere auoit veu & leu vn gros Dictionaire;
& les amoureux, larrons & voleurs de la nouuelle Espagne, des sifflemens par le moyen desquels ils se donnent à cognoistre toutes leurs
conceptions.

conceptions : Ainsi se peut-il faire que cette façon de faire de Conrard, lequel au dire de plusieurs estoit vn des Freres de la R. C. soit le style duquel vse cette venerable Compagnie, quand, à l'imitation de Paracelse, qui est la pierre fondamétale de toute cette Congregation, ou des Chymistes, Magiciens & Astrologues, sous ombre de nous declarer les secrets pretendus de sa chimerisee doctrine, elle nous en faict totalement perdre la cognoissance par la multitude des enigmes & difficultez sous l'adueu desquelles elle fait hardiment couler l'ineptie de ses conceptions. Ce qui repugne neantmoins à ce qu'ils ont dict pag. 79. de leur Confession, *Non loquimur vobis per parabolas*. Mais ils ne se souuenoient pas de ce qu'ils auoient escrit pag. 32. de leur Manifeste, *Europa enim prægnans est, & robustum puerum pariet*, qui est proprement parler en paraboles, se donner vn desmentir, & à nous vn eschantillon de leurs contradictions.

O

Que tous les faux bruits, & principalement de cette Compagnie, sont preiudiciables à tous les Royaumes,
Estats & Monarchies.

CHAPITRE X.

1. *Les François ne doi-*
uent adiouster foy à
toutes ces fausses per-
suasions.

2. *Elles ont esté cause de*
la ruine de la pluspart
des Estats & Empi-
res.

3. *Prophetie tres-dan-*
gereuse diuulguee en
France sous le nom de
cette Societé.

4. *Conclusion côtre deux*
sortes de personnes qui
ne tirerôt aucun fruict
de cette Instruction.

1. Es Philosophes se trompent grandement quand ils estiment que toute
l'energie de la Philosophie ne consiste qu'à expliquer quelque passage d'Aristote dans les
classes de leurs Colleges, ou en la maison de
quelqu'vn de leurs disciples. Philon Iuif le
prend mieux qu'eux & plus à propos, quand il
dit en son troisiesme liure *De vita Mosis*, que
Philosophia tribus ex rebus contexitur, consiliis,
orationibus, factis, vnam in speciem consentienti-
bus, ad adeptionem fructumq́, fælicitatis. C'est
cette Philosophie, Messieurs, laquelle ensei-

gnant voſtre prudence à ne proferer aucune
parole qui ne butte à l'heureux ſuccez de toutes vos intentions, ne vous permet point d'adiouſter foy à toutes ces legeres impreſſions;
afin que la France, le cœur de l'Europe, centre
de la Chreſtienté, bague de l'anneau du monde, œil de tout cet Vniuers, non moins exem-
pte de monſtres, ſuiuāt le dire de S. Hierome,
que l'Egypte de tremble-terres, ne ſoit point
tarce d'en auoir receu, nourri & fomenté vn ſi
difforme & ridicule en toutes ſes parties ; &
que les François,

Nulla quibus toto gens eſt acceptior orbe,

Militia, ſenſu, doctrina, Philoſophia,

Artibus ingenuis, ornatu, veſte, nitore,

ne perdēt point le luſtre de l'eſtime qu'ils ont
acquis enuers les eſtrangers de leur prudence
& ſage conduite en toutes leurs affaires, ap-
prouuans vne choſe laquelle de quel coſté
qu'ils l'enuiſagent, ou quelque interpretation
qu'ils luy puiſſent donner, ne peut tourner
qu'à leur honte & detriment. Car ou le Manifeſte & Confeſſion de cette Fraternité ſont
quelques forfanteries & chimeres compoſées
à plaiſir, ou le recit & veritable narration d'v-
ne Compagnie telle qu'ils nous la repreſentent: Si le premier, n'eſt-ce pas faire littiere de
noſtre prudence à la riſee & meſdiſance de
tous nos voiſins, plus ſages & aduiſez que

Guillel.
Armo-
rit. Phi-
lip. lib.
1.

nous: si le dernier, ne seroit-ce pas imiter la folie des Celtes, lesquels côme remarque Elian, quand ils voyent la mer inonder leur pays, courent furieusement au deuant d'icelle pour estre les premiers engloutis dans les flots boursoufflez de ses ondes.

2. C'est ce qui me donne l'occasion de dire maintenant auec le Poëte Satyrique,

<table><tr><td>Persius
satyr. 1.</td><td>Vos, ô Patricius sanguis, quos viuere fas est,
Occipiti cæco, postica occurrite sanna.</td></tr></table>

Genereux esprits transcendans & esleuez par les aisles de vostre iugement au dessus du commun d'vne populace, & qui comme du theatre de la verité contemplez vne infinité d'esprits qui perdent leur credit dedans le parterre du mensonge, c'est à vous à qui il appartient de leur donner à cognoistre comme tous ces faux bruits, nouueautez, propheties & opinions anticipees, ont tousiours esté cause de la subuersion des Estats & entiere ruine des plus grandes Monarchies. Iamais ce florissant Royaume de la nouuelle Espagne n'eust esté subiugué au nom de l'Espagnol par Ferdinand Cortés, si les Mexicains ne l'eussent receu au nom d'vn Topilchin qu'ils attendoient auec grande deuotion, suiuant la promesse de toutes leurs Propheties: iamais François Pizarre n'eust mis le pied dans le Peru, si les habitans n'eussent estimé que c'estoit celuy qui estoit

enuoyé par le Viracoca pour deliurer leur Roy
de captiuité : iamais Constantinople n'euft
esté prise & sacmentee par Mahumet l'an 1453.
si les Grecs ne se fussent monstrez lasches à la
defence de leurs murailles, à cause d'vne prophetie qui les asseuroit que quand s'ennemy
seroit paruenu iusques à la grand' place sur-
nommee du Taureau d'airain, il seroit repous-
sé & chassé hors de la ville par la vertu des ci- *Came-*
toyens, qui fondez sur cette prophetie aban- *rar. ch.*
donnerent les defences, & se retirerent en cet- *11. liu.*
te place, mais plustost pour y estre massacrez *1. vol. 2*
que non pas pour en chasser l'ennemy: Ce qui
fut la vraye cause de la perte & totale destru-
ction de ce florissant Empire, & non pas celle
que tire Bartholinus de la lascheté de Iustinian braue & vaillant Capitaine,

Nempe te substrahis ista
Fœde ligur pugna, nec fusi sanguinis *Austri-*
Vltor, Iustiniane fugis. *ad. lib. 5*

Bref la conqueste des Espagnes fut grandement facilitee aux Alarbes & Sarrasins, quand
poussez par le Comte Iulian ils s'inonderent
en icelle, par vne prophetie trouuee dans vn
petit coffret, laquelle fit perdre le courage à
Roderic premierement, & en suitte à toute sa
gendarmerie. Et Mahomet, comme remar-
que Postel en son 2. liure *De orbis terræ concor-*
dia, auoit vn Astrologue attitré qui par ses

predictions luy ouurit le chemin à toutes ses
conquestes, & à l'establissement de sa Religion. C'est ce que recognoissoit Theodose le
ieune, lequel escriuant à Simeon Stylite, sur
les diuisions de son Estat, vse fort à propos de
ces paroles, *Hanc molestiam turbamq́, superuaca-
nea parumq́, vtilis, imo vero noxia doctrina nobis
peperit*: Clemangis luy pourroit seruir d'inter-
prete en son liure *De nouis celebritatibus non re-
cipiendis*: *Pariunt*, dit-il, *nouitates, discordias,
partas nutriunt, nutritas augent, auctas roborant*:
Et moy i'adiousteray, qu'ayans esté cause en
ce Royaume de quatre batailles donnees, vn
million d'hommes occis, trois cens villes sur-
prises, cent cinquante millions despesez pour
le payement seul de la gendarmerie, neuf villes, quatre cens villages, & dix mille maisons
tout à faict bruslees ou rasees; le ressouuenir
d'vne calamité si estrange nous deuroit faire
dresser les cheueux à la teste aux premiers
bruits de telles superstitions & nouueautez,
lesquelles comme tres-pernicieuses ont tous-
jours esté defenduës par les loix Imperiales,
qui ont prefix certaines peines à ceux qui s'efforcent d'estonner les autres par quelque vaine superstition. Et à cela mesme auoit esgard
le Iurisconsulte Paulus, quand il rapporte l'E-
dict contenant ces mots, Nous ordonnons
que les Deuins qui se feignēt inspirez de Dieu,

foient chaſſez, crainte que les bonnes mœurs
ne ſoient corrompues, ſous eſperance d'vne
choſe creuë de leger, ou que les eſprits du peuple ne ſoient troublez : pourtant apres auoir
eſté fuſtigez qu'on les iette hors de la ville:
s'ils continuent, qu'on les tienne ſerrez en pri-
ſon, ou qu'ils ſoient portez en quelque Iſle, ou
releguez & bannis à perpetuité.

au 5.
liu. ch.
23. do
ſent. de
vatici-
nato-
ribus,
&c.

3. Ce qui nous doit ſeruir d'exemple pour
bannir & reietter loing de nous tous les contes & faux bruits qui depuis quelques iours
ont mis en vogue parmy les plus credules cette creance que beaucoup ont de l'exiſtence &
verité des articles de ces illuminez Freres &
venerable Societé, laquelle, combien que ce
ne ſoit qu'vne pure Chimere, s'eſt toutesfois
efforcee de nous faire reſſentir & participer les
dangereux effects de ſa noire malice. Vous le
ſçauez, Curieux, qui viſtes courir l'an 1622. vne
prophetie, publiee, comme il eſt à croire, par
vn de ceux du parti contre lequel le iuſte reſ-
ſentiment de noſtre Prince faiſoit briller l'eſ-
clat de ſes armes & tonner le foudre de ſes canons, & laquelle neantmoins pour authoriſer
plus facilement & ſe tirer du hazard d'eſtre
briſé ſur vne roüe il auoit faict courir ſous le
nom de cette prophetique Societé : & il eſt à
croire que vous auez remarqué & condamné
quant & quant le iugement qu'elle faiſoit de

celuy qui à bon droict est appellé par Cassio-
dore *parens publicus, & in cuius vita*, disoit Ar-
nobe, *omnium salus inclusa est* : il pensoit peut-
estre par la foy que nous adiousterions à ces
vaines predictions alterer nos volotez, estoner
nos esprits desia tout esbranlez par la verité de
celles d'vn Gauric & Camerarius, & innouer
parmi nous quelque chose qui peust tourner à
la faueur de son parti. Toutesfois nostre con-
stace ayant surpassé la mesure de son opinion,
il ne luy reste qu'vn despit d'auoir esté trompé
en ses imaginations, & à nous vn aduertissement d'estouffer aussi tost le bruit de toutes
ces fabuleuses narrations & nouueautez preiudiciables, que Boniface IX. fut diligent à
destourner les desseins d'vn certain Prestre, lequel estant descendu des Alpes, & accompa-
gné d'vne multitude innombrable de personnes qui le suiuoient sous ombre de sa pieté, venoit pour luy tollir & oster le Pontificat; ou
que les Florentins furent habiles à punir vn
Sauanarole, lequel, comme il appert par ses
predictions, estoit le motif de toutes les sedi-
tions & partialitez qui s'esleuoient plus que
souuent en la ville capitale & partout l'Estat
des Florentins.

4. Pour moy, voyant combien cette opinion
des Freres de la R.C. pouuoit estre quelque
iour plus preiudiciable à la France si elle la fo-
                                            mentoit

mentoit dauantage, que les Adombrados ou
Illuminez n'ont esté à l'Espagne, i'ay creu que
ie ne pouuois mieux tesmoigner l'affection
que i'ay tousiours euë à la conseruation de cette Monarchie & tranquillité de nostre Royaume, que de vous enseigner comme vn autre
Marius, le moyen de cognoistre & discerner
la bonne monnoye d'auec la fausse, ou, pour
parler auec *Lirinensis* en son Traicté *aduersus
prophanas nouationes, Quonam modo deinceps per
singula errorum vaniloquia, sacratæ vetustatis au-
ctoritate, prophanæ nouitatis conteratur audacia.*
Ce que ie me persuaderois volontiers auoir
executé en la presente Instruction, si ie n'auois
quelques monstres à combattre, desquels ie
desespere tout à faict de pouuoir iamais sur-
monter la malice, & remporter la victoire sur
ces esprits puissans & industrieux en leur inue-
teree deprauation, lesquels seruans d'esgout &
de cloaque à toutes les choses les plus perni-
cieuses prohibees & defenduës, & semblables
à ces estomachs cacochymes qui tirent leur
pourriture & corruption des alimens qui leur
deuroient fournir le plus pur sang qui fust dedans leurs veines, rechercheront aussi curieusement les maximes, articles & propositions
de cette Societé dans ce Discours, pour en
donner vne plus entiere cognoissance à leur
superstition, comme ils tirent par vne indu-

P

strie abominable le catalogue des liures les
plus curieux & defendus, de la table qu'en a
dreſſé le Concile de Trente, celuy des Magiciens de Tritheme, leurs maximes & operations de Delrio ; & l'impieté, du liure de la
Doctrine Curieuſe, lequel par vne temerité
& impudence nompareille ils qualifient du
tiltre tres-pernicieux de l'Atheiſme reduit en
art. Ce qui me donne occaſion de deplorer la
calamité de noſtre ſiecle, laquelle eſt eſleuee à
vn tel degré de malice, qu'elle nous oſte meſme la liberté de nous oppoſer aux impietez les
plus grandes, & de les refuter par les moyens
les plus ordinaires & legitimes, puiſque la corruption eſt ſi grande, que quand les Religieux,
zelez & ialoux de l'honneur & integrité de
leur Religion, *voluerunt*, comme dit Lactance,
poſteris etiam approbare, quanta pietate defende-
rint religiones, auctoritatem religionum ipſarum,
teſtando minuerunt. Vray eſt que quelqnes-vns
fondez ſur ce dire de la ſaincte Eſcriture, *Qua*
menſura menſi fueritis, eadem remetietur vobis,
me pourront objecter que ce n'eſt point de
merueille que le Pere Garaſſe ſoit taré par
ces meſdiſans de la meſme calomnie, de laquelle, enuieux de la gloire que le ſieur C.
moiſſonne en ſa ieuneſſe ſur le Parnaſſe des
Muſes Françoiſes, il a voulu ternir ſa reputation, & donner plus facilement du coude

à sa bonne renommee, laquelle veritablement ie suis obligé de luy conseruer par les
tesmoignages que ie luy en ay veu rendre, tant
par sa deuise fondee sur ce beau passage du
plus eloquent des Theologiens, *Tanta est au-*
thoritas vetustatis, vt in eam inquirere scelus esse
dicatur, itaque ei creditur passim tanquam cogni-
tæ veritati; que par la traduction Françoise
qu'il fit il n'y a pas six sepmaines des vers Latins que monsieur Morel auoit composez à
l'honneur de la Trinité; & aussi l'honneste
modestie & retenuë que i'ay tousiours reco-
gneuë luy estre fort familiere en tous ses deportemens. Les autres monstres que ie ne
veux affronter, pour le peu d'esperance qu'il y
a d'en venir à bout, sont ceux lesquels pour
estre si obstinez en leurs opinions, que suiuant
le dire de Ciceron, *ad quamcunque opinionem*
velut tempestate delati, ad eam tanquam ad saxum
adhærescunt, ils me donneront subjet de conclure cette Instruction par les vers du Poëte
Satyrique,

> *Sed nullo thure litabis,*
> *Hæreat in stultis, breuis vt semuncia recti.*

FIN.

Lactan.
de ori-
gine er-
roris.

Academicar.
quæst.
lib. 1.

Ecteur, pour ne te point fruſtrer du contentement que tu receuras voyant la negatiue de cette Societé, confirmée par le iugement de quelqu'vn de ces grands Perſonna-
ges, qui pour la ſubtilité de leurs eſprits eſle-
uez par deſſus le commun des hommes de lettres, meritent cette deference, que toutes leurs
opinions nous ſoient autant d'oracles : Ie n'ay
voulu obmettre de te communiquer ce paſſage d'vn liure Allemand, que le Phœnix & Co-
riphee de ce ſiecle, le docte & iudicieux Campanella, a cõpoſé de la Monarchie d'Eſpagne ;
lequel pour m'eſtre apparu, cõme S. Hel-
me aux Nautonniers, ſur le calme, non pas
d'vne tempeſte, mais du bruit & tracas d'vne
Imprimerie, n'a peu eſtre inſeré que ſur la fin
de cette derniere fueille, laquelle te le repre-
ſente ſuiuant la traduction que i'en ay faict faire par vn de mes amis. *Auſſi que toute la Chreſtienté eſt remplie de tous coſtez de telles teſtes, ladite
Confrairie de la Roze-Croix le donne trop à entendre ; car vn tel fantoſme eſt à peine ſorty, que la re-
nõmee & confeſſion d'icelle teſmoigne clairement en
pluſieurs & diuers endroits, que ce n'eſt autre choſe
qu'vn ieu d'vn trop folaſtre eſprit ; puis qu'en cela
eſt donnee eſperance d'vne telle generale reformation, & y eſt auſſi touché de pluſieurs eſtranges ſciences, & choſes partie ridicules, & partie incroyables :*

auſſi par tous les pays beaucoup de doctes Perſonna-
ges & gens de bien ſe ſont laiſſé tellement emba-
boüiner, qu'ils leur ont offert leur ſeruice & bonne
volonté, & quelquefois en prenant leur nom, &
quelquefois en le taiſant, ont tenu pour tout aſſeuré
que ces Freres (ce qui autrement és anciens Pro-
phetes n'eſtoit point en vſage) pourroient ſans difficulté deuiner le nom & le lieu de ces volontaires
Clients, dedans le Miroir de Salomon, ou bien par
quelque autre moyen ; voire meſme aucuns d'iceux
ont eſté ſi ſots, qu'ils ont tenu pour vn ſingulier &
haut myſtere la reformation de tout le monde, im-
primee ioint & auec la Renommee, qui eſt de Tra-
jan Boccalini, & tranſlatee de mot à mot de ſon Parnaſſe Italien, & l'ont exliquee Chimiquement,
comme ſi la ſcience de faire de l'or eſtoit enueloppee
parmy cette narration, ce qui infailliblement n'eſt
iamais entré en l'entendement de l'Autheur.
pag. 48. liu. 2. de la Monarchie d'Eſpagne.